Carreira Profissional Vencedora

Planejando o Desenvolvimento

Escapando das Armadilhas Organizacionais

Fazendo o Próprio Marketing

Benedito Milioni

Carreira
Profissional
Vencedora

Planejando o Desenvolvimento

Escapando das Armadilhas Organizacionais

Fazendo o Próprio Marketing

QUALITYMARK

Copyright© 2006 by Benedito Milioni

Todos os direitos desta edição reservados à Qualitymark Editora Ltda.
É proibida a duplicação ou a reprodução deste volume, ou parte do mesmo,
sob qualquer meio, sem autorização expressa da Editora.

Direção Editorial SAIDUL RAHMAN MAHOMED editor@qualitymark.com.br	Produção Editorial EQUIPE QUALITYMARK
Capa WILSON COTRIM	Editoração Eletrônica MS EDITORAÇÃO

CIP-Brasil. Catalogação-na-fonte
Sindicato Nacional dos Editores de Livros, RJ

M588c

Milioni, B. (Benedito)

Carreira profissional vencedora : planejando o desenvolvimento, escapando das armadilhas organizacionais, fazendo o próprio marketing / Bendito Milioni. – Rio de Janeiro : Qualitymark, 2007
208p.

Inclui bibliografia
ISBN 85-7303-677-X

1. Profissões – Desenvolvimento. 2. Orientação profissional. 3. Satisfação no emprego. I. Título.

06-4087

CDD 658.31242
CDU 658.31548

2007
IMPRESSO NO BRASIL

Qualitymark Editora Ltda. Rua Teixeira Júnior, 441 São Cristóvão 20921-400 – Rio de Janeiro – RJ Tel.: (0XX21) 3094-8400	Fax: (0XX21) 3094-8424 www.qualitymark.com.br E-mail: quality@qualitymark.com.br QualityPhone: 0800-263311

Dedicatória e Agradecimentos

Dedico este livro a todos os membros da RH-LISTA, desde seus fundadores, da ITAIPU-BINACIONAL, passando pelos moderadores, mantenedores e membros, os quais deixo de nominar porque certamente esqueceria algum nome. Essa lista de discussão tem sido um espaço para tudo no campo da Gestão de Pessoas: encontros, desencontros, conflitos, concórdia, consenso, debates infindáveis, momentos de poesia, explosões emocionais, juras de amor eterno, reconciliações, aprendizado, lições de sabedoria e de humildade, troca de experiências e materiais de trabalho, enfim um espaço humano, saboroso pedacinho desse imenso Universo que habitamos. Minha forma de agradecer a todos da RH-LISTA pela acolhida fraterna para minhas passagens é a de sempre e eles entendem: TAMOS AÍ!

Agradeço a toda a equipe da QUALITYMARK EDITORA, gente abençoada porque, além de muito mais, produz e disponibiliza o bem maior: LIVROS!

Agradeço, finalmente, ao senhor Tonho (Antonio, talvez...), conhecido também como "Pé de Alufante", um sem-teto do centro de São Paulo, que comigo dividiu a mesa do restaurante Juvial da Rua Ana Cintra, durante um jantar, e me ensinou que ninguém deixa de ser o que não foi e não pode jamais ser o que não quer!

Benedito Milioni

Prefácio ao livro
Como Elaborar seu Plano de Crescimento Pessoal

(Uma homenagem à memória do Comandante Rolim Adolfo Amaro, fundador da TAM, um homem de sorriso fácil e coração generoso, que já decolou da dimensão em que vivemos e está buscando o seu definitivo nível de cruzeiro no Cosmos.)

Tenho lido muitos livros sobre os efeitos multiplicadores que a vontade, a determinação e a persistência produzem nas pessoas que tomam decisões fundamentais para superar as barreiras e crescer rumo aos seus objetivos. À primeira vista, isto pode parecer um tema comum dentro da percepção que temos em nossos relacionamentos.

No entanto, foi neste livro de B. Milioni que constatei um tratamento peculiar do assunto, tornando sua leitura agradável, obtendo a participação do leitor e transpondo para o complexo campo humano fatores importantes como: a qualidade pessoal, a elaboração precisa dos objetivos e as dimensões nas quais os indivíduos poderão agigantar-se.

O Plano de Crescimento, magistralmente apresentado de forma clara e precisa, propicia ao leitor a obtenção dos objetivos ao seu alcance e indica-lhe as fronteiras que deverá ultrapassar, com propriedade e critérios que ele mesmo estabelecerá.

Habilidosamente escrita e de fácil leitura, a obra de B. Milioni é uma feliz coincidência entre o aperfeiçoamento dos valores humanos, o desenvolvimento contínuo dos seus potenciais e a qualidade de vida buscada por todos.

Comandante Rolim Adolfo Amaro, Presidente da TAM

Sumário

Introdução 1

Parte 1: Planejando o Desenvolvimento 3
    Razões para o autocrescimento 5
    Escolhendo alguns paradigmas para o autocrescimento 7
    Dimensões do crescimento pessoal 11
    Uma espécie de autovacina contra bloqueios externos 17
    Fazendo um autodiagnóstico para definir as linhas de ação 20
    Aonde quero chegar, etapa por etapa 29
    Como redigir corretamente objetivos focados em resultados 31
    Como elencar as carências por ordem de prioridades 35
    E está na hora do Plano de Desenvolvimento Pessoal
    e Profissional! 38
    Antes do plano... umas palavras sobre motivação 44
    Elaborando o plano de crescimento... e partindo para a ação! 46
    Estabeleça o seu próprio critério de premiação 51
    Financiando o plano de crescimento 55
    Medidas acessórias para a execução do plano de crescimento ... 58
    Cuide de você mesmo: prepare desde já a sua aposentadoria 61

Parte 2: Escapando das Armadilhas Organizacionais 71
    O lado oculto das empresas 73
    Demitido... pela primeira vez! 77

Como sobreviver (ou: tenho que suportar tudo isso,
por causa de um salário tão triste?) 82
O que fazer para não ser visto como ultrapassado(a) 85
Engolir sapos como se tivessem sabor de caramelo
(ou como suportar momentos e situações difíceis) 89
Abrindo portas... fora da empresa 92
Protegendo os flancos 95
Evitando ser o alvo de fuxicos e fofocas 97
Como distinguir os amigos na empresa dos que apenas
parecem sê-lo 99
Reservas de combustível para céus turbulentos 101
Nada de burocracias e de papelório! Acredite nisso...
e agüente firme! 104
Trabalhando em empresas familiares... mas nem tanto! 106
Cara de bobo e ar de idiota: a maquilagem de um predador! 109
E agora? Seu chefe está caindo feito fruta podre! 111
Alguém está "aprontando" alguma e você sabe quem é.
O que fazer? 113
Alguém ofereceu uma "comissãozinha" para favorecê-lo
na empresa. Deve aceitá-la? 115
Promessas para o futuro: quando aceitá-las? 118
Ouvido hipertrofiado: um recurso para a sobrevivência 120
Alguém está lesando a empresa e, o que é pior, você sabe
quem é! O que fazer? 122
Perigo! Perigo! Apareceu a questão sexual no seu cotidiano! 125
Como conviver com a corte da empresa 133
O que fazer quando as coisas não vão bem na empresa? 136
Quando a mediocridade é o padrão de excelência gerencial
da empresa 138
Alguns sinais que indicam que você está prestes a perder
o emprego 141
... e crescer! (ou: felizmente nem tudo está perdido!
Há esperanças!) 145

Parte 3: Fazendo o Próprio Marketing 151
   A elegância do comportamento 153
   Algumas decisões que você precisa tomar 156
   Medidas práticas para a própria transformação pessoal
      e profissional 159
   O que destrói a imagem social 160
   Investimentos indispensáveis 162
   O que você talvez não saiba 164
   Veja-se como um produto 166
   Exercício de auto-sensibilização 168
   Medidas práticas para a construção da imagem pessoal
      e profissional 170
   Fazendo, para valer, o próprio marketing de imagem pessoal
      e profissional – as regras e o que as justificam 172
   O que deve ser evitado a todo custo 177
   O que deve ser feito... sempre! 179
   Nos relacionamentos com as pessoas 180
   Desenvolvendo o poder pessoal 182
   Entrando no vácuo do carro certo 184
   Para você pensar... 186
   A visão política em ação 188
   Lembretes finais! 190

Bibliografia 191

O autor 192

Introdução

Este livro é uma proposta de autocrescimento em bases lúdicas, sem as complicações e os desvios de energia, próprios das fórmulas que mais confundem do que ensaiam alternativas.

Trata-se de uma obra que procura "conversar" com o leitor, oferecendo-se como uma espécie de "parceira". Deve ser rabiscada, manuseada e guardada mais na mente do que em uma estante, acumulando a poeira do esquecimento.

Carreira Profissional Vencedora resultou da releitura que fiz de dois livros publicados pela Editora STS, de São Paulo – *Como Elaborar seu Plano de Crescimento Pessoal* e *Como Sobreviver e Crescer nas Empresas* – tendo sido acrescentada a essência longamente discutida em cursos diversos, principalmente para pessoas com dificuldades para melhor "vender" a sua imagem durante as duras fases dos processos seletivos, muitas delas há muito tendo esgotado as esperanças e sem recursos para pagar a matrícula nos cursos, mas que se comprometeram comigo a ajudar outras pessoas na mesma situação, quando a dela estivesse resolvida a contento. Desde 1986 até 2004, recebi todo tipo de correspondência de ex-orientandos meus me dizendo que cumpriram a promessa e estenderam a mão para outras pessoas que careciam de uma "força" e de um sorriso amigo, em meio às caras feias de não poucos que se dizem "selecionadores de pessoal".

A proposta do livro é ajudá-lo a "afiar o machado", como fazem os velhos lenhadores, mais preocupados em trabalharem com eficácia do que se utilizarem da força bruta. A proposta é, também, ajudar a fazer um planejamento simples, porém eficaz, para que as ações tenham a sistematicidade adequada e se tenha sobre o que trabalhar em termos práticos, sem correr os riscos de manter planos e metas apenas nos cantinhos da mente.

Pois é... Este livro propõe crescer sem limites e, ao nos depararmos com eles, com os sempre temidos limites, seguir em frente, empurrando-os um pouco mais adiante!

Benedito Milioni

Parte 1:

Planejando o Desenvolvimento

Razões para o autocrescimento

Certamente, você já deve ter feito uma reflexão a respeito da sua vida e do estágio de seu desenvolvimento pessoal.

Caso ainda não tenha agido nesse sentido, eis uma oportunidade para fazê-lo. Responda a todos os itens a seguir, refletindo cuidadosamente sobre cada um deles em particular, escolhendo a sua resposta apenas quando estiver absolutamente certo de que esta espelha a sua realidade.

1. Conheço os meus limites	☐ Sim	☐ Não
2. Já explorei todos os meus potenciais	☐ Sim	☐ Não
3. Conheço as minhas vocações e dons naturais	☐ Sim	☐ Não
4. Aprendi o que precisava para estar pronto	☐ Sim	☐ Não
5. Sei exatamente quais são os meus objetivos	☐ Sim	☐ Não
6. Tenho controle absoluto da minha vida	☐ Sim	☐ Não
7. Qualifico-me como uma pessoa amadurecida	☐ Sim	☐ Não
8. Sou plenamente autoconfiante	☐ Sim	☐ Não
9. Ajo e trabalho pensando também no futuro	☐ Sim	☐ Não
10. A cada dia vejo-me sempre melhor	☐ Sim	☐ Não

Agora, vamos refletir sobre as respostas do quadro. Idealmente, podemos esperar que todas as respostas tenham sido **"sim"**, o que pressupõe que a pessoa esteja em um patamar de crescimento constante.

À medida que surgem as respostas **"não"**, podemos delas depreender a necessidade de a pessoa examinar a sua conduta nos termos de um processo de autocrescimento, isto porque:

- estar em crescimento constante é mais do que um capricho ou figura de retórica. Trata-se, na verdade, de interagir inteligentemente no tocante à regência da própria vida, contemplando sempre as suas oportunidades e o nosso natural e justificadíssimo desejo (e direito) de ser feliz;
- crescer motivado pela vontade pessoal, sem depender de terceiros, como parte expressiva do reconhecimento da própria qualidade, é um sintoma de maturidade e o caminho para a viabilização de sonhos;
- na medida em que vivemos em uma sociedade marcada pela competição acirrada e que nada podemos fazer no sentido de modificar este cenário, estar pronto para competir e vencer em todas as dimensões é uma necessidade a que não podemos nos omitir, sob pena de virmos a ser vítimas dos nossos próprios equívocos.

Por outro lado, ninguém nos impôs limites, como, por exemplo, "você chegará, no máximo, ao ponto X" ou "você nasceu para ser isto ou aquilo e não deve almejar nada além". Se, eventualmente, alguém disse isso para você, ignore. **Não é verdade!**

Desde que os limites para as pessoas não sejam predefinidos, o espaço para o autocrescimento é do tamanho da capacidade que a pessoa venha a ter para crescer. Se cresce a capacidade, cresce também o espaço para potencial para mais e mais crescimento, e assim sucessivamente. E, creia, esse espaço é fruto de uma decisão pessoal, no que tange aos seus limites.

Vamos ilustrar o conceito de "espaço" com o singelo *bonsai*, maravilhosa arte oriental de criar árvores adultas de tamanho reduzidíssimo, de uma beleza que nos toca profundamente, um fenômeno de limitação de espaço. As raízes do *bonsai* são contidas pelo pequeno espaço do vaso em que é plantado, porém o crescimento do vegetal continua na proporção exata do tamanho que as raízes, o espaço em que foi plantado, os nutrientes e os cuidados do cultivador permitem e, mesmo assim, a planta se mostra, passado o tempo, em toda a sua formosura, de uma beleza gigantesca, um encanto para os olhos!

Nós não somos *bonsai*, embora tenhamos de admitir a sua beleza e plasticidade. Se o nosso maior obstáculo para o crescimento é a falta de espaço para deitar e expandir as raízes, nada mais prático do que fazer crescer o espaço e, nele, cultivar os muitos ramos do nosso processo de crescimento.

Escolhendo alguns paradigmas para o autocrescimento

Existem pessoas que, na sua passagem pela vida, nos deixam um rastro de exemplos dignificantes, muitas delas presas ao anonimato, mas, nem por isso, menos importantes. À nossa volta, se olharmos direitinho, veremos pessoas interessantes: em nossa família, em nossos círculos de relacionamentos sociais e profissionais. Dispersas aqui e ali, em todos os extratos da sociedade, lá estão as pessoas de quem até sentimos uma pontinha de inveja. Elas cresceram, algumas contrariaram as previsões que sobre elas fizeram um dia... e venceram, porque não tinham alternativa, nem medo de ousar vencer.

Uma pontinha de inveja (não muita, cuidado!) pode ser entendida como saudável. Afinal, se não invejarmos os que vencem e se destacam, vamos fazê-lo tomando as situações de fracassos como referência? Então, cabe a recomendação de uma espécie de "inveja dirigida".

Visando a dar início efetivo a um processo de crescimento contínuo e sustentado, uma dose de inspiração em pessoas especiais tem a sua importância para despertar e mobilizar o máximo de vibrações positivas. Faça o seguinte exercício: a seguir, você encontrará dois conjuntos de cinco quadros cada, um deles para a dimensão profissional e o outro para a dimensão pessoal. Em cada um escreva o nome da pessoa a quem "inveja" e, também, de forma muito objetiva, a sua justificativa (por que admira tanto esta pessoa).

Faça esse exercício com calma, sem se deixar levar por simpatias ou antipatias periféricas, daquelas gratuitas, sem muito sentido, e procure ter em mente as pessoas que são, inegavelmente, vencedoras à custa dos próprios esforços e talentos.

Dimensão profissional

1 –
2 –
3 –
4 –
5 –

Dimensão pessoal

1 –
2 –
3 –
4 –
5 –

Tomamos, para exemplo, apenas duas das dimensões em que se dá o crescimento das pessoas. Há outras, como veremos logo adiante. Mas o que nos interessa de momento é extrair uma verdade sobre o que você acabou de escrever nos quadros anteriores: a sua percepção do que venha a ser **especial** e **significativo** nas pessoas em geral. Desde que você domine essa percepção nos demais, por que, afinal, não utilizar o que aprendeu como referência para a sua própria pessoa e, sem a menor dúvida, descobrir o que você tem de especial e significativo?

Devemos respeitar, entender e copiar as pessoas a quem admiramos. Não há nada de vergonhoso nisso, vez que assim tem sido em toda a história da civilização. Vejamos alguns argumentos para sustentar esse ponto de vista:

- enquanto crianças, todos tivemos os nossos ídolos, a quem jurávamos copiar. Em nossas cabeças encantadas com as glórias dos heróis, dos esportistas, dos cavaleiros, dos aventureiros, dos artistas, e assim por diante, vez ou outra procurávamos pelo menos supor nossa semelhança com estes ídolos. Acaso você se esqueceu que chegou a usar o mesmo chapéu de *cowboy* ou a mesma indumentária dos heróis e das heroínas da infância?

- talvez, até nem admitamos, mas todos nós, de alguma forma, conscientemente ou não, copiamos parte do comportamento de velhos mestres, incorporando o seu vocabulário e refletindo os pensamentos no mesmo diapasão. Assim como na natureza nada se cria, tudo se transforma, como disse Lavoisier, na conduta humana de original só a genialidade e assim mesmo esta tem sido tão diminuta, um capricho da vida, que volta e meia nos obsequia com homens e mulheres realmente geniais. Há algum erro em querer ser igual a Mozart, ao rei Pelé, à Madre Tereza de Calcutá? Podemos dispensar o exemplo de conduta de um notável cientista ou de uma extraordinária mulher, como a estilista de moda Coco Channel? Só não podemos espelhar-nos naquelas pessoas que nada fizeram para dignificar a espécie humana!
- Finalmente, se ignorarmos os exemplos de dignidade e de valor maior que a História tão generosamente nos oferece, o que fazer das nossas memórias e o que podemos inferir para a nossa passagem pela vida e para o futuro?

Falemos agora de **você**! Desde que possa ter escolhido os seus paradigmas, e neles venha a pautar uma parte da sua conduta, que tal destacar a ressonância **na sua pessoa** dos atributos e das qualidades que vê e admira nas pessoas eleitas como paradigmas para você? Escreva no quadro a seguir suas características que se assemelham com alguns ou com todos, não importa, daqueles paradigmas registrados anteriormente.

Paradigmas observados em outros	Minhas características semelhantes

Sem falsa modéstia: não é confortante descobrir que guardamos semelhanças com pessoas especiais que admiramos? Então, qual é a conclusão a que podemos chegar, extraindo daí o nosso raciocínio?

Também temos valores expressivos, que nos autorizam supor nossa qualidade pessoal!

Se você acredita que pode ser igual a quem admira, a vida fornecerá caminhos e tomará a sua mão para ajudá-lo nesta cruzada sem inimigos, nesta luta sem vítimas, nesta vitória sem perdedores: **o crescimento contínuo e sustentado.**

Dimensões do crescimento pessoal

> *"Cabeça do ser humano não é elástico: expande, mas não volta atrás."*
> (José Roberto F. de Almeida, Consultor, março de 1970, um mestre, meu Mestre)

Situamos duas dimensões em que se dá o crescimento do indivíduo: a dimensão profissional e a dimensão pessoal. Agora, devemos estudar todas as dimensões, para, a seguir, entender e exercitar as formas de crescer em cada uma:

- **dimensão profissional**, que reflete o preparo para o trabalho e para dele extrair as realizações financeiras e emocionais indispensáveis para a qualidade de vida;
- **dimensão pessoal**, que reúne o aprendizado e o amadurecimento cultural e intelectual;
- **dimensão física**, hoje muito em voga, o que é plenamente justificável, uma vez que se refere aos cuidados com o corpo e com a saúde de maneira geral;
- **dimensão social**, também muito importante, considerando-se a necessidade de estarmos preparados para partilhar a existência na sociedade (o desafio da convivência harmoniosa e integrada);
- **dimensão transcendental**, que diz respeito à espiritualidade (cultuar uma religião, prática da meditação e integração com a natureza).

Em cada uma dessas dimensões, há muito o que se descobrir, modificar e desenvolver para o aprendizado e valiosas contribuições em diversos outros âmbitos para o indivíduo. Ademais, deve ser destacada a importância da integração plena entre todas as dimensões, para que o crescimento venha a ser equilibrado e harmonizado. É algo parecido com a prática dos exercícios físicos e o desenvolvimento muscular: todos os músculos devem ser trabalhados, de forma que as leis da anatomia sejam observadas e o resultado final das sessões na academia ou no centro de treinamento seja satisfatório.

Antes, convém que façamos uma espécie de autodiagnóstico, tendo como base o conjunto de dimensões para o crescimento. Nesse sentido, marque na escala à direita de cada fator de análise, no quadro a seguir, o grau que reflete o que você tem feito concretamente para se desenvolver.

Dimensão de crescimento	Escala indicadora
Dimensão Profissional	
• Preparo acadêmico	1 2 3 4 5 6 7 8 9 10
• Preparo técnico	1 2 3 4 5 6 7 8 9 10
• Atualização técnica	1 2 3 4 5 6 7 8 9 10
Dimensão Pessoal	
• Informação geral	1 2 3 4 5 6 7 8 9 10
• Leitura regular	1 2 3 4 5 6 7 8 9 10
• Pesquisas e estudo	1 2 3 4 5 6 7 8 9 10
• Participação em eventos	1 2 3 4 5 6 7 8 9 10
Dimensão Física	
• Prática de exercícios	1 2 3 4 5 6 7 8 9 10
• Avaliações médicas	1 2 3 4 5 6 7 8 9 10
• Geração de hábitos saudáveis	1 2 3 4 5 6 7 8 9 10
• Cuidados com a aparência	1 2 3 4 5 6 7 8 9 10
Dimensão Social	
• Cultivo de amizades	1 2 3 4 5 6 7 8 9 10
• Participação em atividades	1 2 3 4 5 6 7 8 9 10
• Presença ativa na família	1 2 3 4 5 6 7 8 9 10
Dimensão Transcendental	
• Cultivo da religiosidade	1 2 3 4 5 6 7 8 9 10
• Contato com a natureza	1 2 3 4 5 6 7 8 9 10
• Prática da meditação	1 2 3 4 5 6 7 8 9 10
• Amadurecimento da afetividade	1 2 3 4 5 6 7 8 9 10

Uma vez respondido o quadro de autodiagnóstico, a pessoa virá a dispor de um referencial para que possa refletir e obter respostas concretas a respeito do esforço que vem fazendo ou não no sentido do seu crescimento. É preciso, contudo, que a pessoa saiba exatamente se quer ou não investir no próprio crescimento e, mais ainda, se essa hipótese é ou não importante para ela.

Na verdade, o crescimento é a exploração de potenciais que estão adormecidos e de possibilidades infinitas para a mente humana, potenciais e possibilidades dependem decisivamente da **vontade pessoal**, ou seja, serão mobilizados desde que e tão-somente a pessoa assim queira. Ninguém cresce como indivíduo se a decisão interna apontar o sentido contrário.

O crescimento do indivíduo, "autorizado" por sua vontade, inicia na tomada de consciência e no ato conseqüente de aceitar um rompimento com o imobilismo (deixar como está, para ver como é que fica). Esse rompimento não é o crescimento em si e nem garante nada para o indivíduo.

Se você deseja realmente crescer, faça uma espécie de contrato com você mesmo. Para que esse contrato seja de fato operacional é preciso que:

- seja expresso de forma clara;
- seja "autorizado" pela vontade pessoal;
- seja referendado pela razão e pela emoção;
- seja respeitado pelo "contratante" e pelo "contratado" (ambos são a mesma pessoa nesse tipo de contrato).

Faça o seguinte (lembre-se, o texto pertence a você, é seu cúmplice no processo de crescimento e é construído para ser o seu plano de crescimento):

Antes das ações recomendadas a seguir, pense bem! Não assine contratos sobre os quais tenha dúvidas sobre a legitimidade, assim como se quer e pode realmente cumprir as diversas cláusulas! Por outro lado, não é uma boa idéias tratar superficialmente as questões relativas ao planejamento de carreira: inconscientemente, o praticante dessa temerária idéia estará minimizando na própria mente a importância do assunto e é aí mesmo que nada mais funcionará!

Meu Contrato de Crescimento

Eu, (identifique-se no espaço a seguir) _____, tenho como justo e contratado, respondendo diante de minha própria pessoa, enquanto contratado e contratante, o compromisso de autodesenvolvimento, expresso nas cláusulas que se seguem:

Cláusula 1: aceito a constatação de que preciso crescer para vir a ser melhor.

Cláusula 2: não vou depender de terceiros para vir a crescer, uma vez que sou autor e dono do meu próprio projeto de vida e principal beneficiado do que dele obtiver.

Cláusula 3: vou seguir passo-a-passo as instruções contidas nesse evento, a partir de agora com o *status* de plano de crescimento.

Cláusula 4: a cada objetivo de crescimento que vier a atingir, terei direito a uma premiação a critério da minha escolha e das minhas disponibilidades financeiras.

Cláusula 5: não deverei esperar que terceiros reconheçam o meu crescimento; se isto vier a acontecer, melhor, mas a todo tempo serei o artífice, o mestre e o juiz do meu plano de crescimento.

Cláusula 6: se desistir, por imperícia, falta de persistência ou de seriedade, não posso jogar a culpa em cima de terceiros; afinal, ninguém é responsável por minha pessoa e sou consciente disso.

Data: _____ / _____ / _____

_____
Assinatura

Está pronto o seu contrato! Guarde o livro em local que preserve a sua confidencialidade ou tenha-o com você sempre que puder (na bolsa, na pasta, em sua gaveta no trabalho ou na sua escrivaninha em casa). Você vai precisar consultar várias vezes o livro e nele fazer anotações, avaliações etc.

Elaborado o seu contrato, leia atentamente o texto abaixo, que vem circulando pela Internet há uns anos e sempre tem sido recebido com muito aplauso pelas pessoas sensíveis e que começam ou já sabem entender os mistérios da vida.

"Um açougueiro estava em sua loja e ficou surpreso quando um cachorro entrou. Ele espantou o cachorro, mas logo o cãozinho voltou. Novamente ele tentou espantá-lo, foi quando viu que o animal trazia um bilhete na boca. Ele pegou o bilhete e leu:

— 'Pode me mandar 12 salsichas e uma perna de carneiro, por favor. Assinado: dono do cachorro'.

Ele olhou e viu que dentro da boca do cachorro havia uma nota de 50 reais. Então, ele pegou o dinheiro, separou as salsichas e a perna de carneiro, colocou numa embalagem plástica, junto com o troco, e pôs na boca do cachorro. O açougueiro ficou impressionado e como já era mesmo hora de fechar o açougue, ele decidiu seguir o animal.

O cachorro desceu a rua, quando chegou ao cruzamento deixou a bolsa no chão, pulou e apertou o botão para fechar o sinal. Esperou pacientemente com o saco na boca até que o sinal fechasse e ele pudesse atravessar a rua. O açougueiro e o cão foram caminhando pela rua, até que o cão parou em uma casa e pôs as compras na calçada. Então, voltou um pouco, correu e se atirou contra a porta. Tornou a fazer isso. Ninguém respondeu na casa. Então, o cachorro circundou a casa, pulou um muro baixo, foi até a janela e começou a bater com a cabeça no vidro várias vezes. Depois disso, caminhou de volta para a porta, e foi quando alguém a abriu e começou a bater no cachorro.

O açougueiro correu até esta pessoa e a impediu, dizendo:

— 'Por Deus do céu, o que você pensa que está fazendo com toda essa violência gratuita em cima do pobre cão? Ele é um verdadeiro gênio!'

A pessoa respondeu:

— 'Um gênio? Esta já é a segunda vez esta semana que este estúpido ESQUECE a chave!!!'."

Moral da História:

"Você pode continuar excedendo às expectativas, mas, para os olhos de alguns idiotas, você estará sempre abaixo do esperado."

E, como o livro é seu, certamente protegido contra olhos indevidos, registre no espaço abaixo as iniciais dos nomes daqueles(as) que, um dia, de alguma forma, não enxergaram o que você fez de notável e o(a) fizeram se sentir uma espécie de última das criaturas do mundo. Ao lado de cada inicial, escreva uma pequena frase com uma mensagem de perdão e deixe que a vida saberá o que fazer (não, não precisa que seja detalhado porque quem decide quando e como corrigir algumas injustiças o faz em silêncio, discretamente!)

Uma espécie de autovacina contra bloqueios externos

Jamais aceite qualquer limitação para o seu crescimento que venha de terceiros. Infelizmente, há mais pessoas dispostas a atuar como "freio" dos sonhos das demais do que propriamente pessoas que não só compreendem a importância dos sonhos como estimulam a perseguição deles.

Na verdade, a motivação humana para o crescimento e para realização de sonhos e metas é uma decisão de "soltar os freios" das rodas. Não precisamos tanto assim ser "empurrados" pelos demais; precisamos, de fato, acostumar-nos com a idéia de que a motivação nasce do coração e que é uma decisão pessoal das mais sérias e gratificantes.

Para o seu crescimento, em todas as dimensões em que ele se dá, o mais importante é que:

- você decida pelo caminho do crescimento;
- você queira crescer;
- você aceite que pode crescer;
- você dispense a estimulação de terceiros;
- você se vacine contra os que não querem que você cresça.

Veja alguns exemplos de pessoas que não compreenderam (ou não souberam avaliar) o potencial de outras, assim como de fatos que apontavam para o futuro e entraram para a História como indicáveis ao prêmio Mr. Magoo (aquele engraçado personagem do desenho animado míope a mais não poder!)

- Em 1952, um editor de livros recusou-se a publicar o diário de Anne Frank, alegando que "a moça não tem qualquer percepção ou sentimento especial que possa elevar o livro acima do nível de uma curiosidade". O Diário de Anne Frank é uma das mais humanas obras jamais publicadas, na qual há o pungente relato dos seus medos e reflexões durante o tempo em que esteve escondida dos algozes nazistas, isolando-se do mundo no sótão de sua casa.
- No ano de 1889, alguns editores disseram a Rudyard Kipling que ele "não sabia utilizar a língua inglesa".
- Em 1856, outro disse a Gustave Flaubert, a respeito dos originais de Madame Bovary, que "era um romance soterrado numa pilha de detalhes bem elaborados, mas totalmente supérfluos". Hoje, ninguém lembra o nome do editor, mas quanto a Flaubert e seu Madame Bovary, assim como toda a sua obra literária por mais alguns milênios a humanidade deverá usufruir.
- Antes de se transformar em um dos mais famosos *best-sellers* da história da literatura mundial, o conhecido "Código Da Vinci" foi recusado por nada menos do que três editores.

Vejamos alguns exemplos mais sobre os erros de avaliação sobre pessoas, talentos, fatos e oportunidades, extraídos da enxurrada de informações disponíveis na Internet:

- "Acredito que há mercado mundial para cerca de cinco computadores."
  (Thomas J. Watson, chairman da IBM, 1943)
- "Não há nenhuma razão para que as pessoas tenham um computador em casa."
  (Ken Olon, presidente da Digital Equipment Corporation, 1977)
- "Não importa o que aconteça, a marinha americana não vai ser pega cochilando."
  (Frank Knox, ministro da marinha americana, em 4 de dezembro de 1941, às vésperas do ataque japonês a Pearl Harbor)
- "Não gostamos do som deles. Grupos com guitarras estão em decadência."
  (Executivo da Decca Recording, rejeitando os Beatles em 1962)

O que podemos depreender destes exemplos e que venha a ser útil para o desdobramento do conteúdo deste livro? Sem querer fazer abstrações pouco consistentes para o escopo da obra, podemos entender que:

- *você é o arquiteto, o engenheiro, o pedreiro e o principal beneficiário do seu projeto de vida e* **não abra mão disso em hipótese alguma**!
- *você deve seguir a sua trajetória de crescimento de forma independente.* **Corra o risco de seguir a direção para onde aponta o seu nariz... e vá atrás dele!**
- ***você não deve esperar*** *que outras pessoas "autorizem" o seu processo de crescimento.*

Fazendo um autodiagnóstico para definir as linhas de ação

Invista algumas horas do seu tempo para fazer um estudo bem cuidadoso e sistematizado de quais sejam as suas principais carências em termos do desenvolvimento pessoal e profissional.

Recomenda-se que responda aos instrumentos a seguir em um local em que possa se concentrar, sem interrupções, quem sabe com leve música ao fundo (nada de *trash-metal* ou *axé-music*, por exemplo. Aproveitando, desligue a TV, as crianças, a esposa, o "maridão", eventualmente o cunhado e a sogra – risos).

Primeiro, faça um rascunho. Depois, relaxe um pouco, vá fazer um passeio para descontaminar os pensamentos, quem sabe umas comprinhas "psicológicas" em um *shopping center* das imediações e depois retorne ao trabalho.

Faça bem feito. Faça com desprendimento e sem meias medidas, muito menos condescendências com você mesmo(a). Um bom diagnóstico, como nos *check-up* clínicos, pode ser longo, doloroso, entediante e perturbador em muitos casos, mas é a base para decisão segura, o que justifica, com sobras, tanto esforço.

Vamos ao primeiro instrumento!

Preparo para a Carreira Profissional

Instruções para aplicação

- **Grau do meu preparo atual**
  Como você está, realmente, na atual fase da sua carreira.

- **Grau que é exigido na fase atual da carreira**
  O que está sendo demandado por sua empresa.

- **Grau que está sendo exigido para o futuro próximo (sua empresa ou mercado)**
  Foque as possíveis exigências da empresa ou o que sabe sobre o mercado.

Assinale a nota de 1 a 10 em cada coluna que melhor expresse a sua autopercepção em cada FATOR REFERENCIAL dos listados na coluna da direita.

Fatores Referenciais	Grau do meu preparo atual	Grau que é exigido na fase atual da carreira	Grau que está sendo exigido para o futuro próximo
1. Formação acadêmica em nível de graduação	1 2 3 4 5 6 7 8 9 10	1 2 3 4 5 6 7 8 9 10	1 2 3 4 5 6 7 8 9 10
2. Formação em nível de extensão	1 2 3 4 5 6 7 8 9 10	1 2 3 4 5 6 7 8 9 10	1 2 3 4 5 6 7 8 9 10
3. Formação em nível de pós-graduação.	1 2 3 4 5 6 7 8 9 10	1 2 3 4 5 6 7 8 9 10	1 2 3 4 5 6 7 8 9 10
4. Domínio das normas cultas de expressão	1 2 3 4 5 6 7 8 9 10	1 2 3 4 5 6 7 8 9 10	1 2 3 4 5 6 7 8 9 10
5. Domínio do segundo idioma	1 2 3 4 5 6 7 8 9 10	1 2 3 4 5 6 7 8 9 10	1 2 3 4 5 6 7 8 9 10
6. Competência de redação	1 2 3 4 5 6 7 8 9 10	1 2 3 4 5 6 7 8 9 10	1 2 3 4 5 6 7 8 9 10
7. Domínio das ferramentas da informática	1 2 3 4 5 6 7 8 9 10	1 2 3 4 5 6 7 8 9 10	1 2 3 4 5 6 7 8 9 10
8. Competência administrativa	1 2 3 4 5 6 7 8 9 10	1 2 3 4 5 6 7 8 9 10	1 2 3 4 5 6 7 8 9 10
9. Competência de gestão financeira	1 2 3 4 5 6 7 8 9 10	1 2 3 4 5 6 7 8 9 10	1 2 3 4 5 6 7 8 9 10
10. Competência de planejamento	1 2 3 4 5 6 7 8 9 10	1 2 3 4 5 6 7 8 9 10	1 2 3 4 5 6 7 8 9 10
11. Competência de diagnose de problemas	1 2 3 4 5 6 7 8 9 10	1 2 3 4 5 6 7 8 9 10	1 2 3 4 5 6 7 8 9 10
12. Domínio das ferramentas da qualidade	1 2 3 4 5 6 7 8 9 10	1 2 3 4 5 6 7 8 9 10	1 2 3 4 5 6 7 8 9 10
13. Domínio de meios para gerar produtividade	1 2 3 4 5 6 7 8 9 10	1 2 3 4 5 6 7 8 9 10	1 2 3 4 5 6 7 8 9 10
14. Domínio das metodologias acessórias	1 2 3 4 5 6 7 8 9 10	1 2 3 4 5 6 7 8 9 10	1 2 3 4 5 6 7 8 9 10

Parte 1: Planejando o Desenvolvimento

Fatores Referenciais	Grau do meu preparo atual	Grau que é exigido na fase atual da carreira	Grau que está sendo exigido para o futuro próximo
15. Domínio do *Computer Based Training* 1 2 3 4 5 6 7 8 9 10	1 2 3 4 5 6 7 8 9 10	1 2 3 4 5 6 7 8 9 10	
16. Domínio da tecnologia de avaliação/validação	1 2 3 4 5 6 7 8 9 10	1 2 3 4 5 6 7 8 9 10	1 2 3 4 5 6 7 8 9 10
17. Competência de trabalhar em equipe	1 2 3 4 5 6 7 8 9 10	1 2 3 4 5 6 7 8 9 10	1 2 3 4 5 6 7 8 9 10
18. Competência de manejo de conflitos	1 2 3 4 5 6 7 8 9 10	1 2 3 4 5 6 7 8 9 10	1 2 3 4 5 6 7 8 9 10
19. Competência de venda interna dos serviços	1 2 3 4 5 6 7 8 9 10	1 2 3 4 5 6 7 8 9 10	1 2 3 4 5 6 7 8 9 10
20. Competência de negociação	1 2 3 4 5 6 7 8 9 10	1 2 3 4 5 6 7 8 9 10	1 2 3 4 5 6 7 8 9 10
21. Atualização por meio de leitura técnica regular	1 2 3 4 5 6 7 8 9 10	1 2 3 4 5 6 7 8 9 10	1 2 3 4 5 6 7 8 9 10
22. Atualização por meio de pesquisas	1 2 3 4 5 6 7 8 9 10	1 2 3 4 5 6 7 8 9 10	1 2 3 4 5 6 7 8 9 10
23. Preparo para gerar tecnologia específica	1 2 3 4 5 6 7 8 9 10	1 2 3 4 5 6 7 8 9 10	1 2 3 4 5 6 7 8 9 10
24. Competência de relacionamento interpessoal	1 2 3 4 5 6 7 8 9 10	1 2 3 4 5 6 7 8 9 10	1 2 3 4 5 6 7 8 9 10
25. Habilidade para administrar mudanças	1 2 3 4 5 6 7 8 9 10	1 2 3 4 5 6 7 8 9 10	1 2 3 4 5 6 7 8 9 10
26. Domínio da tecnologia de Gestão de Pessoas	1 2 3 4 5 6 7 8 9 10	1 2 3 4 5 6 7 8 9 10	1 2 3 4 5 6 7 8 9 10
27. Acesso a fontes externas de informação	1 2 3 4 5 6 7 8 9 10	1 2 3 4 5 6 7 8 9 10	1 2 3 4 5 6 7 8 9 10
28. Participação ativa em grupos de estudos	1 2 3 4 5 6 7 8 9 10	1 2 3 4 5 6 7 8 9 10	1 2 3 4 5 6 7 8 9 10
29. Disponibilidade de *networking*	1 2 3 4 5 6 7 8 9 10	1 2 3 4 5 6 7 8 9 10	1 2 3 4 5 6 7 8 9 10
30. Habilidade política	1 2 3 4 5 6 7 8 9 10	1 2 3 4 5 6 7 8 9 10	1 2 3 4 5 6 7 8 9 10
31. Desenvolvimento dos potenciais	1 2 3 4 5 6 7 8 9 10	1 2 3 4 5 6 7 8 9 10	1 2 3 4 5 6 7 8 9 10

Interpretação desse instrumento

Reveja cuidadosamente cada resposta e mude aquelas em que, eventualmente, entenda ser melhor uma nova escolha.

Em seguida, destaque com uma caneta marcadora de texto todos os FATORES REFERENCIAIS da coluna da esquerda nos quais tenha sido marcada simultaneamente uma nota abaixo de SETE na coluna GRAU DO MEU PREPARO ATUAL, e acima de SEIS nas duas outras colunas. Essa combinação mostrará exatamente quais os fatores em que deverá concentrar atenção e esforço, tendo em vista o seu processo de desenvolvimento para a carreira profissional. Assim, ficará mais claro qual é o elenco de carências a serem supridas. Pode apostar nisso!

Meu Foco em Resultados

Instruções para aplicação:

Leia cada INDICADOR da coluna da direita e assinale uma nota de 1 a 10 na coluna AUTO-AVALIAÇÃO, de modo a que este ponto escolhido seja uma medida do seu grau de preparo no respectivo INDICADOR. Forneça cópias para pessoas em quem confie e reconheça senso crítico, vontade de ajudar e que, de fato, conheça o seu perfil.

Indicadores	Auto-avaliação	Registro de *feedback*
1. Visão do *core business* da minha empresa	1 2 3 4 5 6 7 8 9 10	1 2 3 4 5 6 7 8 9 10
2. Visão do que seja "valor agregado"	1 2 3 4 5 6 7 8 9 10	1 2 3 4 5 6 7 8 9 10
3. Preparo para identificar focos de disfunções	1 2 3 4 5 6 7 8 9 10	1 2 3 4 5 6 7 8 9 10
4. Competência para diagnosticar causas e efeitos	1 2 3 4 5 6 7 8 9 10	1 2 3 4 5 6 7 8 9 10
5. Habilidade estatística	1 2 3 4 5 6 7 8 9 10	1 2 3 4 5 6 7 8 9 10
6. Habilidade com base financeira	1 2 3 4 5 6 7 8 9 10	1 2 3 4 5 6 7 8 9 10
7. Ação com sentidos prioritários	1 2 3 4 5 6 7 8 9 10	1 2 3 4 5 6 7 8 9 10
8. Capacidade de planejamento operacional	1 2 3 4 5 6 7 8 9 10	1 2 3 4 5 6 7 8 9 10
9. Organização de ações e recursos	1 2 3 4 5 6 7 8 9 10	1 2 3 4 5 6 7 8 9 10
10. Disciplina para perseguir metas	1 2 3 4 5 6 7 8 9 10	1 2 3 4 5 6 7 8 9 10
11. Disposição para enfrentar as turbulências	1 2 3 4 5 6 7 8 9 10	1 2 3 4 5 6 7 8 9 10
12. Visão da relação de custo/benefício	1 2 3 4 5 6 7 8 9 10	1 2 3 4 5 6 7 8 9 10
13. Esforço para otimização de recursos	1 2 3 4 5 6 7 8 9 10	1 2 3 4 5 6 7 8 9 10
14. Uso de meios de controle de ações e projetos	1 2 3 4 5 6 7 8 9 10	1 2 3 4 5 6 7 8 9 10
15. Disposição para sair da zona de conforto	1 2 3 4 5 6 7 8 9 10	1 2 3 4 5 6 7 8 9 10

Indicadores	Auto-avaliação	Registro de *feedback*
16. Capacidade de assumir riscos necessários	1 2 3 4 5 6 7 8 9 10	1 2 3 4 5 6 7 8 9 10
17. Mobilização sistemática da criatividade	1 2 3 4 5 6 7 8 9 10	1 2 3 4 5 6 7 8 9 10
18. Senso de aproveitamento de oportunidades	1 2 3 4 5 6 7 8 9 10	1 2 3 4 5 6 7 8 9 10
19. Capacidade para dizer "não"	1 2 3 4 5 6 7 8 9 10	1 2 3 4 5 6 7 8 9 10
20. Consciência do papel enquanto gestor(a)	1 2 3 4 5 6 7 8 9 10	1 2 3 4 5 6 7 8 9 10

Interpretação desse instrumento

Junte todos os formulários respondidos, o seu e os que foram distribuídos para terceiros e, uma vez consolidados todos os resultados, destaque aqueles INDICADORES nos quais fique evidente uma necessidade de mudança. Há que se considerar que cada um deles faz muita falta hoje em dia no perfil de competências de um profissional que pretende ser competitivo e vitorioso.

Ações de Construção e Defesa de Auto-imagem

Instruções para aplicação:

O primeiro passo é ler e entender cada um dos FATORES DE ANÁLISE listados na coluna da direita do instrumento. Em seguida, atribuir um peso, na coluna do meio, o qual varia de peso 1 (importância mínima), passando pelo peso 2 (importância que não pode ser totalmente desprezada) e até o peso 3 (importância total, indispensável). Para isso, peça ajuda a um colega mais experiente ou, se possível, a um dos profissionais de marketing de carreira ou consultores de Recursos Humanos. Finalmente, escolha uma resposta dentre as três alternativas dispostas na coluna O QUANTO DEPENDE SÓ DE MIM.

Fatores de análise	Peso	O quanto depende só de mim		
1. Cuidar da imagem pessoal em termos dos contornos sociais e das normas gerais de comportamento e etiqueta	1 2 3	Plenamente	Bastante	Muito pouco
2. Evitar corresponder aos estereótipos de frivolidade, superficialismo e falta de densidade	1 2 3	Plenamente	Bastante	Muito pouco

Fatores de análise	Peso	O quanto depende só de mim
3. Não mais aceitar passivamente tratamentos incompatíveis com meus direitos enquanto pessoa e profissional	1 2 3	☐ ☐ ☐ Plenamente Bastante Muito pouco
4. Investir forte em ações que robusteçam minha segurança psicológica e técnica	1 2 3	☐ ☐ ☐ Plenamente Bastante Muito pouco
5. Desenvolver minha visão sobre as exigências de papel no contexto da carreira e da demanda da empresa a que sirvo	1 2 3	☐ ☐ ☐ Plenamente Bastante Muito pouco
6. Sistematizar minhas ações de *endomarketing* por via de relatórios e demais recursos de informação	1 2 3	☐ ☐ ☐ Plenamente Bastante Muito pouco
7. Criar, implantar e destacar meios e recursos de medida e de comprovação real das minhas contribuições	1 2 3	☐ ☐ ☐ Plenamente Bastante Muito pouco
8. Identificação e mobilização prática dos indicadores internos e externos de diferenciação pessoal e profissional	1 2 3	☐ ☐ ☐ Plenamente Bastante Muito pouco
9. Opor resistência, enfrentar e correr os riscos necessários na defesa intransigente do respeito ao meu trabalho	1 2 3	☐ ☐ ☐ Plenamente Bastante Muito pouco
10. Ser coerente com o discurso: o que disser e defender será visto no meu comportamento	1 2 3	☐ ☐ ☐ Plenamente Bastante Muito pouco

Interpretação desse instrumento

Destaque todos os FATORES DE ANÁLISE nos quais as escolhas tenham sido, simultaneamente, na base 2 da coluna PESO e PLENAMENTE na coluna O QUANTO DEPENDE SÓ DE MIM.

Estes fatores serão os que deverá levar em consideração prioritária no seu plano e esforços de desenvolvimento pessoal e profissional.

Inventariando meus Indicadores de Qualidade Pessoal e Profissional Interna

Instruções para aplicação:

Inicialmente, estude cada um dos INDICADORES GERAIS DA QUALIDADE NA CARREIRA e reflita com serenidade e racionalidade sobre cada um deles, para que os significados permeiem as demais ações de uso do instrumento. Em seguida, faça a sua auto-avaliação, usando, para esse fim, a escala da coluna AUTO-AVALIAÇÃO. Depois, recorra às mesmas pessoas que já deram contribuição como fornecedores de *feedback* no instrumento MEU FOCO EM RESULTADOS e siga o mesmo procedimento de consolidação. Lembre-se: nos INDICADORES em que a sua auto-avaliação e o *feedback* recebido vierem a ser menos que sete, neles estará um justificável foco de atenção para inspirar a construção de um bom plano de desenvolvimento pessoal e profissional.

Indicadores gerais da qualidade na carreira	Auto-avaliação	Espaço para *feedback*
1. Preparo conceitual	1 2 3 4 5 6 7 8 9 10	1 2 3 4 5 6 7 8 9 10
2. Foco nas expectativas e nas necessidades dos clientes	1 2 3 4 5 6 7 8 9 10	1 2 3 4 5 6 7 8 9 10
3. Ação pautada em procedimentos técnicos superiores	1 2 3 4 5 6 7 8 9 10	1 2 3 4 5 6 7 8 9 10
4. Comportamentos centrados na melhoria contínua	1 2 3 4 5 6 7 8 9 10	1 2 3 4 5 6 7 8 9 10
5. Senso de disciplina e regularidade no exercício da função	1 2 3 4 5 6 7 8 9 10	1 2 3 4 5 6 7 8 9 10
6. Racionalidade e precisão no desdobramento de tarefas	1 2 3 4 5 6 7 8 9 10	1 2 3 4 5 6 7 8 9 10
7. Comprometimento com missão, valores e filosofia da empresa	1 2 3 4 5 6 7 8 9 10	1 2 3 4 5 6 7 8 9 10
8. Respeito aos dispositivos éticos que regem o trabalho	1 2 3 4 5 6 7 8 9 10	1 2 3 4 5 6 7 8 9 10
9. Regência do trabalho por resultados	1 2 3 4 5 6 7 8 9 10	1 2 3 4 5 6 7 8 9 10
10. Valores, atitudes e comportamentos de compartilhamento	1 2 3 4 5 6 7 8 9 10	1 2 3 4 5 6 7 8 9 10

E, para concluir esse valioso autodiagnóstico, registre nos quadros a seguir os resultados obtidos por via da aplicação dos diversos instrumentos até aqui utilizados.

Eles deram muito trabalho para ser executados, mas são a base de sustentação para um trabalho bem feito, contributivo, desafiante e evidentemente customizado (é a sua necessidade e não uma generalidade qualquer!).

A seguir, um resumo de tudo o que foi visto até aqui para a tomada de algumas decisões.

Fatores nos quais sinto que esteja o melhor de mim e com os quais posso contar para alavancar de vez minha reputação interna

Neste espaço registre os fatores de sua escolha	Use a escala para indicar a intensidade de mobilização como suporte do seu marketing de imagem na perspectiva máxima de um ano		
1.	☐ Começando ontem já está atrasado	☐ Preciso começar rapidinho	☐ Se nada fizer será muito ruim
2.	☐ Começando ontem já está atrasado	☐ Preciso começar rapidinho	☐ Se nada fizer será muito ruim
3.	☐ Começando ontem já está atrasado	☐ Preciso começar rapidinho	☐ Se nada fizer será muito ruim
4.	☐ Começando ontem já está atrasado	☐ Preciso começar rapidinho	☐ Se nada fizer será muito ruim
5.	☐ Começando ontem já está atrasado	☐ Preciso começar rapidinho	☐ Se nada fizer será muito ruim

Fatores que entendo como minhas não-conformidades

Neste espaço registre os fatores de sua escolha	Use a escala para indicar a prioridade de mudança visando reduzi-lo enquanto não-conformidade
1.	Máxima (mesmo!) O mais rápido possível Assim que der
2.	Máxima (mesmo!) O mais rápido possível Assim que der
3.	Máxima (mesmo!) O mais rápido possível Assim que der
4.	Máxima (mesmo!) O mais rápido possível Assim que der
5.	Máxima (mesmo!) O mais rápido possível Assim que der

Aonde quero chegar, etapa por etapa

Uma vez formalizado o seu contrato de crescimento e "tomada" a vacina contra as influências negativas externas, você deve elaborar as etapas do processo de crescimento.

Para tanto, convém que elabore estas etapas tomando como base as dimensões em que se dá o crescimento (reveja o capítulo Dimensões do Crescimento Pessoal).

Antes, porém, temos que considerar um dos princípios que regem a construção de objetivos, como nos ensina a Administração. Os objetivos devem ser:

- mensuráveis;
  - quantificáveis;
    - definidos na dimensão tempo;
      - factíveis (possam ser alcançados).

Vamos exercitar a prática da elaboração de objetivos. Quais das descrições adiante atendem aos princípios da Administração?

Descrição 1
Comprar uma casa em Campos do Jordão, o mais breve possível

Descrição 2
Ser o dono de um carrão importado, antes do final do ano de 2008

Descrição 3
Ser feliz na vida

Descrição 4
Comprar uma casa no Guarujá, de até US$ 45 mil, com 50% de poupança e 50% financiados em 15 anos, até dezembro de 2007

De fato, apenas a descrição 4 atende às regras da Administração. Estude durante alguns minutos as regras a seguir dispostas para a construção eficaz de objetivos e, assim, enriqueça-se com parâmetros para decisões e ações muito importantes.

Como redigir corretamente objetivos focados em resultados

- Premissa 1: um objetivo é um estado final a que se pretende chegar.
- Premissa 2: sem um objetivo, não se chega a lugar algum.
- Premissa 3: um objetivo é uma trilha e não um trilho.
- Premissa 4: um objetivo difere, substancialmente, de sonhos ou delírios.

Qual a fonte, digamos, de inspiração, para a construção de objetivos CORRETOS, CONSISTENTES, TANGÍVEIS e MENSURÁVEIS? Os sonhos, os devaneios, as necessidades, as carências, tudo enfim que sirva como referência, isso a critério de cada um, quando se trata de construir objetivos... para a vida!

Entretanto, você deve lembrar-se de que é o "dono" do evento e, portanto, cabe só a você a decisão sobre os objetivos e, por outro lado, existem algumas normas para a redação efetiva deles. São elas:

- os objetivos devem ser realistas; nada de fantasia;
- os objetivos devem ser exeqüíveis;
- os objetivos devem estar delimitados no tempo;
- os objetivos devem descrever, com precisão, o seu estado final;
- os objetivos não aceitam adjetivações;
- os objetivos não são compatíveis com advérbios;
- os objetivos devem conter os critérios de sua medida;
- os objetivos não suportam sub ou superdimensionamentos;
- os objetivos devem conter algum desafio;

- os objetivos devem conter algo palatável, com sabor mesmo!
- os objetivos devem, finalmente, ser descritos com economia de palavras.

Tendo estas regras como pano de fundo para a descrição dos objetivos, é preciso que você considere algumas questões, que, esquecidas, podem afetar muito as ações e tudo o mais o que vier a ser planejado:

- as condições ambientais, materiais, tecnológicas e demais estão asseguradas?
- os critérios de medidas estão prontos e são entendidos como suficientes e confiáveis?
- no projeto do seu desenvolvimento estão previstos os prazos, os meios e os instrumentos de medida pós-eventos e sintonizados com a descrição dos objetivos?

A construção dos objetivos para os planos de desenvolvimento deve ser efetuada por meio de uma cuidadosa ponderação. Gaste o tempo que for necessário. Nada de pressa. Nessa ocasião, deve analisar, mais uma vez, o cenário de problemas e disfunções, as variáveis registradas no parágrafo anterior, os indicadores obtidos na fase de diagnose (com especial cuidado) e, finalmente, decidir:

- a partir do cenário e das informações da diagnose, o que será feito para valer?
- de quanto para quanto, para mais e para menos? De que estágio para que estágio? Sabendo-se o estado atual, qual será o estado final?
- e a dimensão temporal: qual será a projetada?

Este trabalho pressupõe muita sensatez e visão racional. De nada adianta, sabemos, projetar objetivos que sejam confusos, difusos, inconclusivos, pouco desafiantes ou delírios.

Dispondo, pois, dos referenciais para construir objetivos de forma correta, você está pronto para elaborar o seu plano de crescimento. Antes, porém, falemos dos "atalhos da sorte", emprestando o modelo elaborado pelo consultor José Roberto Ferreira de Almeida, que foi um dos meus mestres mais copiosos em termos de inspirações e que repetia as recomendações a seguir em todas as oportunidades em que coubessem:

Eis o caminho mais curto para realizar seus planos

Atalho 1   Seja proativo. Isto é:
- sinta-se o único responsável por onde você se encontra, e
- mova-se por sua única e exclusiva iniciativa, para aonde você quer chegar.

Atalho 2   Tenha bem claros os seus valores. Isto é:
- saiba o que é importante para você, e
- identifique suas crenças mais profundas.

Atalho 3   Transforme o que você precisa conseguir naquilo que realmente quer e escreva seus objetivos:
- essenciais;
- específicos.

Atalho 4   Remova toda e qualquer memória ou crença passada e não consistente com o que agora quer.

Atalho 5   Programe o seu futuro, criando, sob a forma de imagens, sons ou sensações, memórias para seu futuro em sua Linha do Tempo.

Atalho 6   Alinhe seus pensamentos, palavras e atitudes com suas metas.

Atalho 7   Execute tudo, mas tudo mesmo, a 100%!

Os "atalhos da sorte" precisam ser balizados por um plano.

Para construir um bom plano, temos de, inicialmente, definir o que exatamente queremos atingir. Devemos buscar inspiração e subsídios na ambiência social em que vivemos, porque é nela que temos de sobreviver e extrair dados e informações que nos permitam conhecê-la plenamente.

Na dimensão profissional

O que se espera das pessoas, sob o ângulo do mercado de trabalho nos dias atuais e no futuro próximo?

- *Que sejam polivalentes e policompetentes*. Isto significa que as pessoas devem estar prontas para ampliar o leque das suas habilitações, seguindo o curso das transformações nas empresas. Com os quadros de pessoal "enxutos", as empresas almejam a contratação (e a permanência) de profissionais mais generalistas, porém competentes em todas as faixas das suas habilitações.

- *Que estejam atualizadas*. A velocidade das transformações e do enriquecimento tecnológico determina que as pessoas devam se atualizar, absorvendo as inovações e utilizando-as rápida e eficazmente.

- *Que sejam empreendedoras.* Não se trata mais de apenas cumprir a rotina do trabalho. As empresas estão procurando profissionais que "façam chover". Em outras palavras, o que as empresas almejam em uma contratação é um profissional que resolva os problemas e que seja capaz de fazer o que está para ser feito.

O mesmo vale para o caso de você ser um empresário ou profissional liberal; não importa a relação formal com o mercado de trabalho. Polivalência, policompetência, atualização e competência empreendedora são absolutamente indispensáveis.

Na dimensão pessoal

Na verdade, não temos de ser "pessoas melhores". Temos de reaprender sempre e cada vez mais a ser realmente... **Pessoas**. Isto significa que devemos procurar expandir o uso do nosso potencial afetivo, emocional e intelectual.

Na dimensão física

A proliferação das academias de ginástica é mais do que um recurso apenas estético. De fato, há, nos milhões de pessoas que diariamente praticam esportes e fazem todo tipo de exercícios físicos, um componente de vaidade natural e legítimo. Afinal, quem não gosta de se sentir "bonito", "atraente", "bem consigo mesmo"?

Todavia, cuidar do próprio corpo é alongar a perspectiva de vida. Mais que isso, é, também, preservar a saúde, a disposição para viver e as energias para "queimar" nos esforços direcionados para construir e usufruir.

Na dimensão social

Como a sociedade muda e se renova, e com ela os laços que unem as pessoas e as fazem interagir, convém que nos preocupemos sempre com os nossos hábitos e comportamentos, no que se refere aos relacionamentos que construímos e como contribuímos para que as demais pessoas possam se relacionar conosco.

Na dimensão transcendental

Mais do que nunca, as transformações nas sociedades e nas pessoas caminham para o reencontro com as questões espirituais, fenômeno que se observa em todo o mundo, independentemente das ideologias políticas e dos fortes apelos para o consumismo (ou materialismo).

Como elencar as carências por ordem de prioridades

Como se sabe que não há a menor chance de se "atacar" em todas as frentes da sempre longa relação de fatores que exigem mudanças e investimentos de tempo, esforço e dinheiro, convém que seja aplicado um processo de priorização. Este processo vem mostrando resultados excelentes em inúmeras aplicações, dentre as quais a construção de planos de desenvolvimento pessoal e profissional.

Fase 1 do Processo: Elencação das Prioridades

Relação das carências	Gravidade	Urgência	Tendência	Oportunidade
1.	1 2 3 4 5	1 2 3 4 5	↑ ⇔ 🖫	1 2 3
2.	1 2 3 4 5	1 2 3 4 5	↑ ⇔ 🖫	1 2 3
3.	1 2 3 4 5	1 2 3 4 5	↑ ⇔ 🖫	1 2 3
4.	1 2 3 4 5	1 2 3 4 5	↑ ⇔ 🖫	1 2 3
5.	1 2 3 4 5	1 2 3 4 5	↑ ⇔ 🖫	1 2 3
6.	1 2 3 4 5	1 2 3 4 5	↑ ⇔ 🖫	1 2 3
7.	1 2 3 4 5	1 2 3 4 5	↑ ⇔ 🖫	1 2 3
8.	1 2 3 4 5	1 2 3 4 5	↑ ⇔ 🖫	1 2 3
9.	1 2 3 4 5	1 2 3 4 5	↑ ⇔ 🖫	1 2 3

Instruções para operacionalização da Fase 1:

O instrumento está compactado. Por ocasião da aplicação, você deve abri-lo e editá-lo conforme as suas conveniências e as demais informações que se seguem.

- Na coluna RELAÇÃO DAS CARÊNCIAS, devem ser dispostas todas as carências levantadas na fase da aplicação dos diversos instrumentos de diagnóstico oferecidos neste livro, não importa em que ordem. Basta relacioná-las por meio de uma descrição objetiva e clara.

- A coluna GRAVIDADE deve ser utilizada para apontar a intensidade do impacto da carência no perfil da sua carreira, focando especialmente os seus resultados. De 1 a 5, você tem um amplo espectro para escolher. Lembre-se: quanto maior for a evidência ou a perspectiva de perda ou não-ganho para a sua carreira profissional, em função da carência, maior deve ser o ponto escolhido na escala.

- A coluna URGÊNCIA deve ser utilizada para indicar a pressão de tempo para a solução da carência, ou seja, de quanto tempo você dispõe para as medidas de ordem prática na transformação da sua carreira, seja por imposição de oportunidades da empresa em que atue, seja por imposição do mercado de trabalho, prazos legais e outras demandas. Quanto mais próximo de 5 for a indicação, significa que menor é o tempo real disponível.

- A coluna TENDÊNCIA tem três sinais. O primeiro, (↑), deve ser assinalado quando se entende que a tendência é de agravamento dos problemas trazidos pela carência. O segundo, (⇔), deve ser escolhido quando o julgamento for o de permanência da carência na dimensão em que se encontra no momento da análise (não haverá mudanças para mais ou para menos). O terceiro, (🖫), deve ser utilizado quando o julgamento mostrar que a carência pode diminuir de intensidade por motivos outros que não os da sua interferência.

- A coluna OPORTUNIDADE, na escala de 1 a 3, deve ser usada para um importante dado na trajetória estratégica de uma carreira profissional fortemente competitiva: qual é a oportunidade de alavancagem política e da sua imagem institucional interna e externamente, no caso da eliminação ou minimização da carência?

Finalização: a partir desta fase, você disporá de uma relação de carências com uma ordem de prioridade, a qual resultará das relações entre as quatro colunas do quadro, trabalho este que é a fusão de julgamentos entre elas e, por consenso, o aponte de uma ordem cronológica das carências, agora sob o regime de prioridade inicial.

Fase 2 do Processo: Ordenação Final por Peso

Relação das carências	Peso atribuído	Ordem final
1.	0 1 2 3 4 5	
2.		
3.		
4.		
5.		
6.		
7.		

Instruções para operacionalização da Fase 2

O quadro está, igualmente, compactado. Valem as instruções anteriores.

Uma vez construída a relação de prioridades iniciais no quadro anterior, você deve transportá-las para o quadro da Fase 2, atribuindo a cada uma um dos pesos da coluna PESO ATRIBUÍDO, conforme o critério abaixo especificado:

0. Pouco ou nenhum peso em relação a todas as outras carências.

1. Tem algum peso de importância estratégica para a carreira.

2. Tem peso estratégico relativo para a carreira.

3. Tem peso estratégico com algum destaque.

4. Tem peso estratégico de muita importância.

5. Tem peso estratégico de importância máxima.

É um julgamento difícil, mas necessário. Passando toda a relação do quadro anterior por este critério, você terá em mãos uma relação final priorizada de forma racional e documentada, para que possa, a partir daí, montar seu Plano de Desenvolvimento e alocar tempo, esforço e recursos por prioridade regida pelo que seja realmente bom para a sua carreira profissional.

Recomenda-se o compartilhamento dessa fase com os demais profissionais da equipe, seu *coaching* e mesmo seu terapeuta psicológico, se tiver o privilégio de estar sob processo terapêutico, uma bênção para quem queira, realmente, o desenvolvimento pleno.

E está na hora do Plano de Desenvolvimento Pessoal e Profissional!

Você está pronto para construir o seu **plano de crescimento**? Então, vamos a ele!

Primeiro passo: concentrar-se em local apropriado
Segundo passo: rever a auto-avaliação feita na fase de diagnóstico
Terceiro passo: consultar o checklist de cada dimensão
Quarto passo: decidir aonde quer chegar (objetivo maior)
Quinto passo: elaborar um rascunho de objetivos parciais
Sexto passo: avaliar cada objetivo conforme as regras
Sétimo passo: dar a forma final ao plano de crescimento
Oitavo passo: anexar o plano ao contrato de crescimento
Nono passo: partir para a ação!
Décimo passo: comemorar, efusivamente, cada estágio alcançado!

Para nortear a elaboração do seu plano de crescimento, consulte os *checklists* de alternativas de ação para cada dimensão. Eles foram elaborados a partir da tecnologia da moderna gestão de Recursos Humanos nas empresas, no seu segmento de avaliação de potenciais e desenvolvimento de pessoal.

Na dimensão profissional
- Participar de cursos, seminários, congressos e toda sorte de eventos em que se possa ter acesso a informações e tecnologias.

- Participar de palestras e apresentações oferecidas por empresas e entidades públicas e privadas, divulgadas em jornais, revistas, *sites* e demais espaços da Internet, principalmente.
- Adquirir e estudar as publicações que dizem respeito às atividades profissionais (livros, revistas etc.).
- Participar ativamente de associações de classe profissional, para partilhar informações e discutir os rumos das habilitações e suas oportunidades.
- Fazer cursos de aprendizado ou desenvolvimento do domínio de idiomas pertinentes às atividades profissionais atuais e futuras (não se esquecer do idioma pátrio, cujo domínio é muito mais importante do que o dos demais).
- Pesquisar as oportunidades de participação em eventos promovidos por entidades como sindicatos, Sebrae, universidades, Senai, Senac, Sesi, Sesc, Senat, Sescoop, Senar e os órgãos públicos.
- Fazer cursos por correspondência ou à distância, por via das plataformas computacionais hoje em diante abundantes, tanto os referentes às atividades profissionais de momento, como às oportunidades de aprendizado de novas habilitações.
- Visitar e conhecer empresas ligadas ao segmento da especialização profissional, não se esquecendo daquelas que possam fornecer subsídios para as atividades profissionais almejadas no futuro (polivalência, não esquecer!).

Na dimensão pessoal
- Participar de eventos, como cursos e seminários voltados para o aprimoramento de valores, atitudes e comportamentos.
- Buscar aconselhamento com profissionais especializados, como os terapeutas. E nada de preconceitos ou das bobagens de sempre que saem das cabeças desavisadas: terapia é para gente sadia! Isso mesmo: gente sadia! Procurar o apoio terapêutico não é uma condição restrita aos casos de saúde mental afetada.
- Ler e refletir sobre o conteúdo de obras que ofereçam informações e oportunidades de aprendizagem e reflexão sobre filosofia, psicologia e as demais sobre comportamento.

- Aprimorar o vocabulário e a cultura geral, dedicando tempo para a leitura das obras clássicas da literatura em língua portuguesa (os clássicos de autores brasileiros e portugueses são indispensáveis).
- Manter-se atualizado com o rumo dos acontecimentos, por via da leitura diária de jornais, em especial dos melhores em termos de qualidade e riqueza editorial.
- Investir no chamado "marketing de imagem pessoal", cuidando de aprimorar a apresentação pessoal (roupas etc.), bem como, se for o caso, participar de um curso sobre etiqueta social (não é sofisticação inútil; trata-se de aprimorar os comportamentos em termos de cortesia e de boas maneiras). A propósito, a terceira parte desse livro oferece algumas recomendações muito úteis.
- Fomentar as amizades. "Sair da concha" e abrir caminho para que as demais pessoas possam se aproximar e descobrir o quanto podemos oferecer para elas.
- Cuidar da saúde. Visitar o médico clínico-geral e obter um programa de preservação da saúde. Praticar esportes e alguma atividade física regular não é má idéia.
- Desenvolver o sentido da tolerância. Como disse Spinoza: "Não rir. Não criticar. Não odiar. Compreender apenas".
- Desenvolver o hábito da meditação. Alguns minutos por dia são suficientes para ampliar bastante a autopercepção e para mobilizar a imaginação e a intuição.
- Dedicar tempo para o lazer. Seja ele qual for, é importante para a sua saúde e para ajudar a "recarregar as baterias" e acumular energia para as demais ações da vida.

Na dimensão física
- Reitera-se: consultar o seu clínico-geral e seguir as suas prescrições quanto à erradicação de vícios (tabagismo é um deles), mudanças de hábitos alimentares e adoção de um programa de atividades físicas.
- Cuidar de você mesmo. Os ideais de beleza e estética, de resto discutidos por nomes ilustres há séculos, nada têm a ver com o hedonismo desenfreado. Mas que tal olhar para o espelho e gostar do que nele vê? Faz bem, não é?

Na dimensão social

- Participar ativamente de associações voltadas para o bem comum (há muitas, pergunte aos seus amigos).
- Desenvolver o hábito de visitar os amigos e recebê-los em sua casa com freqüência, ao tempo em que não deixa de visitá-los em seus cantinhos!
- Promover reuniões para jogos em grupos, dos muitos que o mercado de entretenimento oferece, e para toda sorte de interação. Se diminuir pela metade o tempo dedicado à TV e destiná-lo à interação social, por exemplo, certamente terá um ganho em termos de crescimento social fabuloso!
- Associar-se a um clube e dele participar ativamente.
- Fomentar a aproximação entre as pessoas. Apresente os seus amigos para outras pessoas e amplie a sua teia de relacionamentos. Você fará descobertas muito positivas!
- Dedicar tempo para conversar... e crescer! Nada mais gratificante do que conversar com gente interessante, sobretudo no que se convencionou chamar *happy hour*. Mesmo que não goste ou não possa ingerir bebidas alcoólicas, apele para sucos, refrigerantes, água mineral etc., mas não deixe de rir, conversar, dizer bobagens, soltar a criança interna!
- Exercer o direito da cidadania, participando de atividades políticas, caso tenha alguma inclinação nesse sentido. Se, contudo, não apreciar a militância política, pode e deve acompanhar e compreender o cenário político e tomar posições.

Na dimensão transcendental

- Cultivar a religiosidade, a depender das suas posições a respeito.
- Desenvolver a sua cultura (do latim *colere* – cultivo do espírito). Ler a respeito. Participar de eventos em que se discutam os fenômenos da espiritualidade.
- Estudar a ambiência da Natureza em todas as suas manifestações, para compreender as aparentemente "insondáveis". Não há mistérios no que se chama de "extra-sensorial". Há, de fato, descobertas a serem feitas, o que só acontece se você procurar ver além da visão física.

- Interagir com pessoas que tenham algo a ilustrar quanto às respostas para as dúvidas existenciais. Crescemos muito se buscamos orientação com quem sabe as respostas ou, pelo menos, pode iluminar um pouco mais os caminhos para obtê-las.

- Desenvolver afetividade, o que significa: perder o medo das pessoas, de delas gostar e por elas ser apreciado. Certamente, uma ou outra pode não compreender as nossas intenções, mas é sempre uma minoria pouco importante da generosidade afetiva das pessoas.

... E um complemento importante

Além das dimensões do crescimento até aqui ilustradas, é importante que você considere as suas possibilidades em outros fatores, os quais não se circunscrevem a uma ou outra dimensão, mas que estão diluídas em todas ao mesmo tempo.

Que tal você incluir no seu plano de crescimento:

- o estudo de música, como sempre sonhou?
- o aprendizado de uma forma de arte?
- o domínio de uma habilidade manual, como marcenaria, por exemplo?
- o desenvolvimento do negócio próprio?
- escrever o livro que tem em mente?
- fazer a viagem de estudos acalentada desde muito?
- dedicar-se mais ao sítio que comprou há tempos e fazer com que fique como sonhou?
- terminar as atividades iniciadas e deixadas de lado, como a faculdade, o curso de inglês, por exemplo?
- aprender, para valer, a "navegar" pelos sistemas do seu microcomputador (ou aprender a manipulá-lo), se ainda não souber, o que é, em todo caso, pouco provável, mas nunca é demais lembrar que a Tecnologia da Informação avança a um ritmo alucinante e acompanhar esse crescimento há muito deixou de ser uma escolha: é um imperativo?
- estudar as técnicas que possam ajudá-lo(a) a dar continuidade a um antigo projeto, abandonado por falta de informações?

- aprender o que não sabe e inveja nos amigos, como culinária, por exemplo?
- aceitar os convites que vem recebendo para conhecer uma determinada entidade e os seus propósitos?
- aprender a jogar xadrez, gamão e outros jogos que exercitam a inteligência e a criatividade?
- praticar o esporte que admira, mesmo que seja para se divertir apenas, sem almejar uma convocação para a Olimpíada (pode até ser possível...)?
- aprofundar-se em alguns dos seus passatempos, como o domínio das técnicas de gravação de som e imagem, por exemplo?
- pedir orientação a quem conheça e praticar os segredos da manutenção de edificações residenciais (pintura, eletricidade, hidráulica etc.)?
- transformar um passatempo atual em uma fonte futura de ganho de dinheiro?
- ler o que sempre desejou, mas que não foi possível?
- tornar-se um especialista em algum campo do conhecimento, mercê de um estudo profundo e sistemático?
- apresentar palestras sobre assuntos da sua especialidade, seja como uma contribuição para as demais pessoas ou como uma atividade remunerada?
- escrever artigos e enviá-los para os jornais e revistas (quem escreve lê duas vezes, diziam os antigos latinos...)?
- entrar num clube de troca de correspondência ou em uma das muitas redes de comunicação virtual (a Internet está repleta de oportunidades muito interessantes).

Finalizando...

Para construir o seu plano de crescimento, lembre-se de:

Aprender o que não sabe.
Aprofundar o que já sabe.
Abrir a mente para o que deverá saber.
... E praticar o que foi possível saber!!!

Antes do plano... umas palavras sobre motivação

Você deve estar pensando: como vou me motivar para elaborar o plano e cumprir o meu contrato de crescimento? Ou: quem vai me motivar nesse sentido?

A resposta para ambas as questões é: *consulte o coração e solte os freios das rodas!*

Isso mesmo! Não espere que o motivem a fazer o que é importante para você! Faça-o! Já! Quer ver como dentro de você existe uma enorme necessidade de crescer (e de automotivação para tanto)?

Responda ao questionário abaixo

	Sim	Não	Às vezes
1. Sinto que preciso fazer algo por mim mesmo?	☐	☐	☐
2. Sinto uma certa ansiedade quando penso sobre meu futuro?	☐	☐	☐
3. Volta e meia surpreendo-me a sonhar com novas conquistas?	☐	☐	☐
4. Tenho dúvidas se estou ou não pronto para a vida?	☐	☐	☐
5. Penso muito sobre se aproveitei os meus potenciais?	☐	☐	☐
6. Sinto alguns "vazios" em minha vida?	☐	☐	☐
7. Inquieto-me com a rotina?	☐	☐	☐
8. Tenho planos em mente, mas que não foram iniciados?	☐	☐	☐
9. Gostaria de estar inovando e até mudando muita coisa em minha vida?	☐	☐	☐
10. Penso que tenho o direito de querer o melhor para mim?	☐	☐	☐

Quanto mais respostas "**sim**" você tiver no questionário, maior é o impulso interno de realizar (motivação), restando saber o quanto os "freios das rodas" estão travando a explosão dos impulsos internos.

Então, **solte os freios**! Não espere que alguém o faça! Pense assim:

Quero
Preciso
Posso
E devo crescer!

Vamos lá! Escreva, no próprio livro, o complemento que quiser para cada verbo a seguir, sem esquecer que a tônica do nosso estudo é a motivação para crescer.

Quero _____
_____
_____

Preciso _____
_____
_____

Posso _____
_____
_____

E devo crescer _____
_____
_____

Lembre-se: o maior beneficiado por um plano de crescimento é você! Outras pessoas – sobretudo as que estão mais próximas – serão, também, beneficiadas. É preciso, pois, que solte os freios das rodas e experimente atender aos impulsos internos.

Muitos já tentaram descrever a magia que envolve a realização de um sonho. Chegaram perto, muito perto... mas você poderá não precisar que descrevam: você experimentará e não vai parar mais!

Elaborando o plano de crescimento... e partindo para a ação!

Temos o bastante para elaborar o plano de crescimento pessoal:

- você contratou com você mesmo o autocrescimento;
- você sabe o que quer;
- você sabe como descrever os objetivos;
- você reconhece estar automotivado;
- você obteve dos *checklists* os balizamentos;
- você pode crescer.

Agora, é passar para a ação e construir o seu plano de crescimento pessoal.

Siga as instruções que vêm a seguir e escreva os detalhes do plano no próprio livro. Caso não deseje fazê-lo, prepare algumas folhas de papel à parte.

Plano de Crescimento Pessoal
(Versão Original e Única)

Nome: _____

Data de aprontamento: _____

Datas de revisão: _____   _____

_____   _____   _____   _____

Parte 1: Planejando o Desenvolvimento

Dimensão Profissional

Objetivo maior: _____

Objetivo específico 1: _____

Objetivo específico 2: _____

Objetivo específico 3: _____

Elenco das atividades para cada objetivo

Objetivo 1	Objetivo 2	Objetivo 3
_____	_____	_____
_____	_____	_____
_____	_____	_____
_____	_____	_____
_____	_____	_____

Dimensão Pessoal

Objetivo maior: _____

Objetivo específico 1: _____

Objetivo específico 2: _____

Objetivo específico 3: _____

Elenco das atividades para cada objetivo

Objetivo 1	Objetivo 2	Objetivo 3
_____	_____	_____
_____	_____	_____
_____	_____	_____
_____	_____	_____
_____	_____	_____

Dimensão Física

Objetivo maior: _____

_____

Objetivo específico 1: _____

_____

Objetivo específico 2: _____

_____

Objetivo específico 3: _____

_____

Elenco das atividades para cada objetivo

Objetivo 1	Objetivo 2	Objetivo 3
_____	_____	_____
_____	_____	_____
_____	_____	_____
_____	_____	_____

Dimensão Social

Objetivo maior: _____

_____

Objetivo específico 1: _____

_____

Objetivo específico 2: _____

_____

Objetivo específico 3: _____

_____

Elenco das atividades para cada objetivo

Objetivo 1	Objetivo 2	Objetivo 3
_____	_____	_____
_____	_____	_____
_____	_____	_____
_____	_____	_____

Dimensão Transcendental

Objetivo maior: _____

_____

Objetivo específico 1: _____

_____

Objetivo específico 2: _____

_____

Objetivo específico 3: _____

_____

Elenco das atividades para cada objetivo

Objetivo 1	Objetivo 2	Objetivo 3
_____	_____	_____
_____	_____	_____
_____	_____	_____
_____	_____	_____

Objetivos adicionais (não incluídos nas Dimensões)

1. _____
2. _____
3. _____
4. _____
5. _____

Critérios para acompanhamento e controle

_____

_____

_____

Instruções para elaboração do plano de crescimento

Observe as instruções seguintes, para que possa construir o seu plano de crescimento com a devida precisão: nada de excessos, nem de omissões. O plano deve conter tudo que seja essencial para a sua função original: servir como guia para as ações.

Campo do plano	Descrição
1. Nome	1. Auto-explicativo.
2. Data de aprontamento	2. A data em que o plano foi finalizado e tido como pronto.
3. Datas de revisão	3. Datas que não excedam a 30 dias umas das outras, a partir da data de aprontamento, para que sejam feitas as necessárias revisões de progresso.
4. Objetivo maior	4. A descrição sucinta e clara do estado final a que se deseja chegar. Pode ser entendida como a meta final.
5. Objetivo específico	5. Cada parcela do objetivo que foi descrito anteriormente. Pode ser entendido como os objetivos parciais que, somados, chegam ao objetivo final. Não devem ser mais do que três, para não haver uma dispersão.
6. Elenco das atividades para cada objetivo	6. São as ações de execução para se chegar aos objetivos. Uma ordenação das providências em direção a cada objetivo específico.
7. Objetivos adicionais	7. São os objetivos que não estão contidos nas dimensões do crescimento, mas, nem por isso, são menos importantes. Vide o capítulo *Aonde quero chegar, etapa por etapa,* penúltimo tópico.
8. Critérios para acompanhamento e controle	8. Registre os critérios que entende como suficientes para a administração do seu plano de crescimento. Podem ser os critérios que desejar, desde que possam disciplinar esta importante fase do plano.

Agora, você tem o seu plano de crescimento. Antes de partir para a ação, leia o capítulo seguinte (boas notícias!).

Estabeleça o seu próprio critério de premiação

> *"Aquele que semeia pouco, pouco também ceifará; e o que semeia em abundância, em abundância também ceifará."*. (II Coríntios, 9:6)

Esta é a boa notícia: você pode e deve estabelecer o seu sistema de premiação por cada etapa conquistada do seu crescimento. E a razão é simples: plantou, tem que colher!

Lembre-se: você é o investidor e o beneficiário do seu programa de crescimento, mesmo porque todo o ônus e todo o esforço deste programa serão absolutamente de sua responsabilidade. Como você não poderá "delegar" para terceiros nenhuma das etapas, por menor que seja, do seu plano de crescimento, também não poderá esperar que as demais pessoas dos seus relacionamentos devam premiar os seus esforços. Isto até poderá acontecer, à medida que:

- do seu crescimento profissional resultem o reconhecimento e a conquista de novos postos e melhor remuneração;
- do seu crescimento pessoal resulte melhor aceitação da sua pessoa por parte das demais;
- do seu crescimento físico possa advir uma situação de reconhecimento e admiração por parte das demais pessoas. Acredite: um pouco de vaidade não faz mal a ninguém! E ser apreciado por estar em bela forma física, atraente, "conservado" etc., também não faz mal algum;
- do seu crescimento social venha a acontecer uma ampliação dos seus relacionamentos, com as pessoas franqueando mais intensamente a você o acesso a elas;

- do seu crescimento transcendental – o que é inevitável – resulte uma reconciliação com sua natureza divina e as graças de Deus!

Para dar início ao sistema de autopremiação, escreva nos espaços a seguir os presentes que gostaria de ganhar. Não se deixe limitar por mecanismos de autocensura ou de auto-impedimento. Sonhe alto!

Eu gostaria de ganhar	Porque

(Acrescentar folhas, se for necessário.)

O que você vai registrar na coluna da direita é óbvio. E o que vai registrar na coluna da esquerda é a justificativa ou o significado para você do presente que deseja ganhar, de modo que fique muito clara a importância do presente no contexto dos seus sonhos e desejos.

Uma vez relacionados os presentes que deseja ganhar, faça uma ordenação por prioridade. O único critério que pode ser adotado para eleger a prioridade é o quanto cada um dos presentes significa para você. Não consulte ninguém nem espere que as demais pessoas, por mais importantes que sejam para você, venham a "aprovar" este esquema de autopremiação. Mais uma vez, é bom reiterar: você deve ser inteiramente autônomo no manejo geral do seu plano de crescimento.

Ordenação por prioridade dos presentes

Prioridade 1: _____

Prioridade 2: _____

Prioridade 3: _____

Prioridade 4: _____

Prioridade 5: _____

Prioridade 6: _____
Prioridade 7: _____
Prioridade 8: _____
Prioridade 9: _____
Prioridade 10: _____

Em seguida você deve, mais uma vez, respeitar o parâmetro básico da construção de objetivos: assim como estes devem ser factíveis (alcançáveis), os presentes que você deseja (e vai dar a você mesmo) devem estar contidos nos limites das suas possibilidades financeiras. Se dispuser de recursos para premiar-se com um BMW zero quilômetro, eleja-o como prêmio; se, contudo, seus limites financeiros forem menores, circunscreva o seu esquema de autopremiação a eles.

Prosseguindo, faça uma avaliação dos seus recursos financeiros e decida-se por uma verba mensal para financiar o esquema de autopremiação.

Registre nos espaços adiante a verba eleita mensalmente.

Minha verba para autopremiação

	Mês	Valor	Disponível dia
1.	_____	_____	_____
2.	_____	_____	_____
3.	_____	_____	_____
4.	_____	_____	_____
5.	_____	_____	_____
6.	_____	_____	_____
7.	_____	_____	_____
8.	_____	_____	_____
9.	_____	_____	_____
10.	_____	_____	_____

Uma vez pronto o esquema de autopremiação, é o momento de organizar a sua vinculação a cada objetivo **geral** e **específico** do plano de crescimento que você construiu no capítulo anterior. Para tanto, acrescente uma folha ao **contrato de crescimento**, relacionando os presentes que deverá dar a você mesmo imediatamente após a consecução de cada objetivo.

Como cada objetivo tem uma data prevista para sua consecução, é fácil visualizar o dia em que você poderá sair correndo com o talão de cheques nas mãos, certamente feliz da vida, e ir comprar o presente.

Permita-me, leitor, partilhar um pouco da minha própria vivência. Este livro é parte do meu processo de crescimento pessoal, de uma forma diferente, porém clara e suficiente para minha pessoa. Eu decidi que, assim que terminá-lo e obtiver a aprovação por parte do editor, vou-me dar uma viagem a Machu-Pichu, nos altiplanos do Peru, para rever a magia que existe lá e poder meditar em paz absoluta.

Finalizando: **premie o próprio esforço**. Você terá muitas gratificações como produtos de seu crescimento pessoal em todos os sentidos, mas não deixe de consolidar a sensação de realização, mercê de uma satisfação de conquista legítima: **semeie e colherás**!

Financiando o plano de crescimento

Nunca é demais lembrar: ao elaborar e executar um plano de crescimento pessoal, você estará, também, fazendo um investimento em você mesmo, para o que é necessário um investimento financeiro. Algumas das atividades relacionadas no plano de crescimento elaborado anteriormente podem até prescindir de algum dispêndio financeiro. A maioria, contudo, deverá exigir um investimento, o que é natural.

Para finalizar o seu plano de crescimento e vê-lo, finalmente, como viável, você deve elaborar um orçamento de investimento, cuidando de nele registrar números precisos e que reflitam a sua disponibilidade financeira.

Não é difícil elaborar o orçamento de investimento. O primeiro passo é examinar criteriosamente todas as atividades relacionadas com cada objetivo específico e verificar se estão suficientemente descritas (clareza e precisão).

O segundo passo é pesquisar as alternativas para o suprimento de cada atividade. conforme disposto abaixo.

- Terá que fazer cursos? Verifique, pois, no mercado, as alternativas e o seu custo.
- Terá que adquirir livros? Faça uma visita às livrarias e pesquise os preços das obras que se configurem como essenciais.
- Terá que se inscrever em uma academia de cultivo físico? Visite duas ou três e, nelas, colha os preços de matrícula, das mensalidades e do material requerido.

O terceiro passo é relacionar todos os números obtidos, para o que se sugere o formulário a seguir:

Orçamento de investimento do plano de crescimento

Objetivo específico	Atividades	Custos	Datas

Objetivo específico	Atividades	Custos	Datas

Objetivo específico	Atividades	Custos	Datas

Objetivo específico	Atividades	Custos	Datas

(Este formulário é apenas um exemplo; construa-o em outra folha.)

Dispondo do orçamento de investimento em seu plano de crescimento pessoal, proceda a uma análise do panorama geral e compare-o com as suas disponibilidades financeiras.

Se necessário, refaça a pesquisa no mercado do custo das alternativas para suprir atividade do plano. Sempre será possível identificar uma ou outra alternativa mais em conta, desde que seja feita uma paciente e acurada pesquisa.

O quarto passo, finalizando o orçamento de investimento, é fazer uma espécie de "bloqueio" das importâncias apuradas e registrar estes "bloqueios" no seu orçamento geral. As verbas estarão, pois, devidamente consagradas para financiar o plano de crescimento.

O quinto passo é somar as verbas finais do orçamento de investimento àquelas que se destinam ao esquema de autopremiação, para que você tenha uma visão geral e precisa dos montantes que estarão envolvidos em todo o processo de crescimento. Reveste-se de importância máxima a administração rigorosa de todos os números indicadores do seu plano de crescimento: quantidades e datas dos objetivos gerais e específicos e as cifras.

O sexto passo é acompanhar o desdobramento das ações do plano de crescimento. Isto significa autocontrolar as ações do plano, e sempre dispor de indicadores consistentes sobre a sua evolução.

Recomenda-se que o documento final do orçamento de investimento seja anexado ao contrato de crescimento e tudo seja guardado em uma pasta com todo o cuidado, ou registrado em seu microcomputador, nele criando o diretório pertinente.

Você deve, pelo menos uma vez por semana, fazer uma avaliação geral e tomar as necessárias medidas corretivas. Lembre-se: você tem um compromisso com você mesmo e é, ao mesmo tempo, o executor e o controlador de todas as ações.

Medidas acessórias para a execução do plano de crescimento

Algumas medidas de natureza acessória podem ajudar muito as ações de execução do plano de crescimento. Vamos listar as que a experiência prática consagra como funcionais e atraentes, para quem esteja levando a sério o seu processo de crescimento pessoal.

Medida 1: você é a celebridade! Merece os refletores!

Esta medida é de natureza provocativa da vaidade pessoal e uma espécie de "mensagem do próprio ego": trata-se de você elaborar e divulgar para as pessoas que são mais próximas de sua intimidade o jornal do crescimento.

Divulgue para estas pessoas que você decidiu crescer e que está tomando as medidas necessárias. Faça-as sentirem-se parte da sua "torcida". Periodicamente, divulgue os seus feitos. Atingiu um objetivo? Divulgue a todos! Faça o seu jornalzinho e distribua as cópias para estas pessoas especiais. Você vai gostar da reação e das palavras de estímulo para seguir adiante!

Medida 2: faça o seu diário! Um pouco de memória registrada...

Lembra-se do célebre diário que, quase todos, tivemos na adolescência? Pois bem, um diário é um recurso valioso para ajudar a fazer as avaliações de progresso do plano de crescimento. Ele pode ajudar a fortalecer a sensação de caminho sendo seguido, o que energiza bastante a motivação para seguir adiante.

Registre todos os progressos no seu diário. Vá compondo a memória do seu plano de crescimento e colocando um pedacinho de vidro todos os dias no mosaico que finalizará no cenário descritivo do objetivo atingido.

Medida 3: adote a sua boneca Daruma

A boneca Daruma foi criada, segundo a lenda, por um príncipe indiano, de quem teve emprestado o nome: Daruma.

Os japoneses de todas as camadas sociais, especialmente a dos executivos das grandes corporações, utilizam-se da tradição e do significado da boneca Daruma para "acompanhar" os esforços para o atingimento de objetivos.

A boneca Daruma tem, no lugar dos olhos, apenas duas riscas de cor branca, a primeira pupila é desenhada quando se fixa uma meta a ser alcançada, e a segunda, quando a meta é alcançada. Os demais traços fisionômicos são acrescentados na face da boneca Daruma na proporção da fixação e do atingimento de objetivos.

Para fazer a sua boneca Daruma, basta uma cabeça de boneca das mais simples e canetas para pintar a fisionomia; ou, então, uma folha de papel com o desenho apenas do contorno da boneca para receber os acabamentos.

Tenha-a com você. Assim como no caso dos japoneses, a boneca Daruma será sua cúmplice na fixação e no atingimento de objetivos.

Medida 4: painel de controle

Basta uma folha de papel quadriculado e canetas coloridas para montar o painel de controle do seu plano de crescimento pessoal. No lado esquerdo da folha, registre todos os objetivos específicos descritos no plano de crescimento.

Monte um calendário no espaço à direita da folha, fazendo as divisões em semanas – por exemplo, assinalando a data final de aprontamento de cada objetivo específico.

À medida que as ações forem sendo desdobradas, faça as marcações nos espaços correspondentes, para ter uma visão geral de como está caminhando em direção à meta final.

Medida 5: lista de verificação

Relacione todas as atividades descritas para cada objetivo específico, na ordem exata de como planejadas e coloque à direita de cada atividade um quadradinho para:

- atividade em andamento;
- atividade realizada;
- atividade dependendo de outros fatores para ser finalizada.

Faça a atualização da lista de verificação e a consulte diariamente.

Medida 6: carta de cobrança para você mesmo

Escreva uma (ou várias) carta(s) para você mesmo, "cobrando" a consecução de cada objetivo. Escreva estas cartas de maneira alegre, bem descontraída, dialogando com você mesmo sobre os efeitos positivos que o alcance das metas possa estar trazendo para você... e será capaz de se divertir muito com este recurso.

Prepare as cartas, coloque-as em envelopes destinados a você e peça a um amigo que, nas datas que você designar, coloque-as no Correio, para que possa recebê-las em sua casa.

Medida 7: nomeie uma espécie de guru

Os estudantes de cursos de mestrado e doutorado têm os seus tutores que funcionam, também, como orientadores e estimuladores dos estudos, ao mesmo tempo em que exercem uma ação de cobrança abrandada, mas, ainda assim, uma ação de cobrança positiva e necessária.

Nesse sentido, escolha um amigo ou um professor ou alguém da sua inteira confiança para servir como contraponto ao seu trabalho autônomo de crescimento pessoal. Este amigo não invalidará o princípio da independência e da auto-regência do plano de crescimento, tal como foi preconizado no capítulo específico do livro.

Na verdade, este "guru", se escolhido com sabedoria e se estiver disposto a ajudar, será um reforço considerável na concentração de energias para executar a contento o plano de crescimento.

Cuide de você mesmo: prepare desde já a sua aposentadoria

"...tomou café duas vezes, leu todos os jornais do dia, fez uma boa caminhada pela praia, conversou com alguns amigos... sentiu-se entediado e vazio... e ainda eram dez da manhã!"

As linhas que encabeçam este capítulo foram publicadas há mais de 25 anos no "Jornal do Brasil" (RJ), pelo falecido cronista José Carlos de Oliveira, numa crônica memorável sobre a vida de um aposentado. O autor captou muito bem o drama das pessoas que nada fazem para se preparar para a aposentadoria e o que fazer com o longo período de tempo disponível que ela acarreta.

Os números sobre a aposentadoria são estarrecedores. As estatísticas são desencontradas e pouco confiáveis, pelo que se optou por não incorporá-las ao livro. Contudo, o autor procurou obter subsídios com os especialistas, no caso médicos geriatras e psicoterapeutas. Destes profissionais foram obtidos os seguintes elementos:

- a população brasileira tende a crescer no seu segmento de pessoas com mais de 60 anos de idade, aposentadas e com uma perspectiva de vida que começa a ultrapassar a marca dos 70 anos e a aproximar-se da casa dos 80;
- a perspectiva de vida aumenta na proporção em que a medicina conquista novas terapias para retardar o processo biológico de envelhecimento;
- pouco mais de 40% das pessoas que se aposentam em torno de 55 anos de idade, quando o fazem de forma abrupta, "da noite para o

dia", segundo o IBGE (Instituto Brasileiro de Geografia e Estatística) e alguns dados da Previdência Social, têm sérios problemas de saúde e muitas morrem por causa do vazio que se instala em suas vidas e da angústia que se inicia na mente de pessoas até então ativas e sadias;

- a maior parte das pessoas que se aposentam tem sérios problemas para assegurar a sua subsistência, e quase sempre experimenta uma forte perda de qualidade no seu padrão de vida;
- os conflitos familiares entre as pessoas que se aposentam e permanecem em casa, com pouca ou nenhuma atividade, são muito intensificados, o que conspira terrivelmente contra o bem-estar de pessoas que, afinal, lutaram a vida inteira e desejam um mínimo de paz nos anos finais da existência.

O cenário é suficientemente carregado em cores fortes para justificar um comportamento proativo da parte das pessoas que desejam crescer, sem se limitar pela arbitrariedade de uma aposentadoria que pressuponha um estado de alienação e vida praticamente vegetativa.

Edward Deming, o papa dos processos de Qualidade Total, ao ser perguntado sobre o que o mantinha de pé, aos 86 anos de idade, viajando pelo mundo todo e proferindo palestras, respondeu: *"Inicialmente, minhas pernas! Depois, como ninguém me deu qualquer ordem para parar, vou adiante e espero que o Senhor tenha perdido os meus registros e me deixe mais uma porção de anos aqui, porque tenho muito trabalho a fazer"*.

Depois, quando um jornalista lhe perguntou quando iria se aposentar em face da idade, respondeu gostosamente: *"Meu jovem: quando for tratar da sua aposentadoria, cuide da minha, por favor, porque ando muito ocupado e não tenho tempo para estas coisas!"*.

O que importa é o seguinte:

- *a aposentadoria não é o fim de nada; é o começo de uma nova fase da vida;*
- *a aposentadoria deve ser construída desde o começo da vida profissional;*
- *a aposentadoria faz parte do processo de crescimento, e é a dimensão que mais expressa o estágio de crescimento do indivíduo.*

O propósito deste capítulo é partilhar com você algumas idéias que poderão subsidiar o desenvolvimento de um plano que também englobe a aposentadoria. O objetivo é fazê-la capaz de oferecer, além da perspectiva de desfrute, a continuidade de uma vida rica em contribuições e realizações em todos os níveis.

Antes, porém, façamos um exercício de reflexão sobre a importância da aposentadoria. Responda ao questionário a seguir, para ativar uma reflexão cuidadosa a respeito.

Preciso ou não me preocupar já com a minha aposentadoria?

	Sim	Não
1. Tenho certeza absoluta de que minha vida durará até quando eu decidir que assim seja?	☐	☐
2. Projetando a minha saúde econômica, tenho certeza de que estarei em condições de manter o desejado padrão de vida?	☐	☐
3. Sei, exatamente, o que fazer com o tempo que será disponibilizado com minha aposentadoria?	☐	☐
4. Já sei (mês e ano) quando darei início à minha fase de aposentadoria?	☐	☐
5. Tenho garantias de que estarei emocionalmente pronto para usufruir da aposentadoria?	☐	☐
6. Tenho as garantias de que a minha ocupação profissional assegurará o rendimento necessário para também suprir as necessidades ditadas pelos anos de aposentadoria?	☐	☐
7. Tenho certeza de que saberei como usar energia de que disponho, hoje direcionada para o trabalho, e os demais encargos da sobrevivência?	☐	☐
8. Posso dormir tranqüilo todos os dias, em seguida às notícias que leio e ouço sobre a previdência social oficial?	☐	☐
9. Penso que seja legítimo contar com os filhos na fase da aposentadoria para o meu sustento e de quem estiver ao meu lado?	☐	☐
10. Tenho certeza de que não vale a pena ficar preocupado com a aposentadoria?	☐	☐

As perguntas do questionário não têm um padrão de resposta e nem podem oferecer um critério de pontuação para ajudar a obter um parâmetro de análise. Servem para dar referências para uma reflexão legítima: devo ou não dedicar tempo e recursos para a construção da aposentadoria?

O leitor topa uma prova de fogo para decidir a resposta para a pergunta do parágrafo anterior? Mas, uma prova de fogo daquelas bem fortes? Pois, então, a sugestão é que entreviste algumas pessoas nas longas e tristes filas das agências do INSS. Na ocasião em que estive conversando com aposentados, ouvi muitos depoimentos de executivos de grandes empresas, outrora poderosos e de alto padrão aquisitivo, reduzidos a muito pouco pela debilitação emocional e pela corrosão dos seus proventos. Melhor não falar dos que já nada tinham ao se aposentar... e que, ainda assim, tiveram esse quase nada corroído pela incapacidade da Previdência Social.

Voltando ao questionário para a auto-reflexão: a prudência recomenda que se pense muito sobre cada pergunta cuja resposta foi "não".

Vejamos o porquê:

- não temos certeza absoluta de até quando se alongará a nossa vida produtiva, sobretudo quando esta depende de uma relação empregatícia. Nas empresas, corre solto o preconceito contra as pessoas que inauguram a faixa etária dos 50 anos;
- manter o padrão de vida e melhorá-lo é o mínimo que se pode esperar para a fase da aposentadoria. Isto é legítimo e um direito inalienável das pessoas;
- saber aproveitar o tempo que se ganhará inteiramente livre com a aposentadoria é condição essencial para preservação da saúde mental e física e, assim, alongar a expectativa de vida (uma unanimidade no meio médico);
- se você não sabe quando se dará o início formal da sua aposentadoria, você pode e deve projetar esta data, de modo a se preparar desde já para ela;
- não temos garantias quanto às nossas condições emocionais para inaugurar a fase de aposentadoria. O que devemos, ensina-nos a experiência, é começar a nos preparar em todos os sentidos, especialmente quanto aos aspectos emocionais, em direção da aposentadoria;

- podemos e devemos avaliar as nossas condições de momento, quanto aos nossos rendimentos, a trabalhar sobre uma projeção para estimar a continuidade de nossa vida, uma vez iniciada a fase de aposentadoria (e tomar as devidas providências no sentido da preservação da base financeira para a aposentadoria);
- ao iniciar a aposentadoria, a nossa energia potencial continua disponível, e temos que saber utilizá-la com sabedoria;
- confiar na previdência social oficial é uma temeridade. As notícias a respeito não são boas;
- os filhos têm a própria vida. Não parece seguro debitar a eles o ônus do sustento dos pais na fase de aposentadoria. Se deverão ajudar e cercar os pais com as atenções e proteções desejáveis, sempre será uma opção deles e a experiência indica que não se deve apostar em demasia nessa perspectiva;
- se você não estiver preocupado com sua aposentadoria, pode estar cometendo um erro estratégico dos mais sérios. Preocupar-se com ela é regra de sensatez.

Como preparar a garantia de subsistência – sugestões

Podemos desdobrar este assunto em alguns blocos de informação, tais como:

- *preparar a garantia de subsistência;*
- *preparar a ocupação do tempo de forma gratificante;*
- *preparar a saúde mental e emocional;*
- *preparar a preservação da saúde física.*

Você pode começar a preparar a garantia de sua subsistência, a partir de um programa de investimentos e de poupanças direcionado para o longo prazo.

Este programa pode compor os seguintes meios:

- investir em um programa de *previdência privada*, especialmente naqueles que se asseguram renda vitalícia e/ou complementação do salário de aposentadoria. Existem várias modalidades destes programas no mercado, muitos dos quais administrados por poderosas e sólidas instituições bancárias. A garantia destes programas reside na tradição e na solidez da entidade que os administra. Se na sua empresa houver um programa de previdência privada, ótimo! Permaneça nele, continue capitalizando o seu investimento para o futuro. Caso sua empresa não ofereça este benefício, faça o seu próprio contrato, pesquisando no mercado as alternativas, e não desanime diante do custo mensal: ele pode absorver uma parte significativa do seu salário, mas deve ser entendido como uma *poupança* ou um *investimento de longo prazo*. Considere que você nada perderá com este programa; caso deseje suspendê-lo (o que recomendamos que ocorra apenas em situação de extrema penúria), você pode reaver as importâncias pagas, com as correções instituídas em contrato;

- investir na capitalização do seu futuro, o mais possível, adquirindo imóveis, em especial aqueles nas zonas urbanas ou rurais que ofereçam uma bela perspectiva de valorização no futuro;
- resistir às pressões do consumismo e deslocar a maior parte que puder das suas rendas para os programas de investimento. Lembra-se da fábula da cigarra e da formiguinha? Pois, então, que tal vir a ser a formiguinha?;
- já pensou em abrir o próprio negócio? Ele poderá, além de trazer renda, ajudá-lo a manter-se ativo e produtivo, o que promove um bem-estar extraordinário. A qualquer momento é época para iniciar o projeto de um negócio próprio. Você pode ir "queimando as etapas" e preparar esta atraente alternativa de subsistência e de ocupação para a fase de aposentadoria;
- você pode vir a trabalhar como profissional temporário autônomo, assim como têm feito muitos executivos, no vácuo da tendência de mercado da atualidade e mais forte ainda no futuro. A depender da sua especialização, você poderá preencher a parte que quiser do seu tempo enquanto aposentado... ganhando o seu rico dinheirinho, o que não é nada mau, não?;
- você pode mergulhar na economia informal, quem sabe transformando uma habilidade atual ou um dos seus *hobbies* em fonte de renda, sem que tenha de abrir uma empresa e ter que enfrentar os naturais problemas da gestão empresarial;

- você pode, finalmente, aprender uma nova habilitação para tê-la como alternativa de "engorda" do seu orçamento e como forma de ocupar produtivamente o tempo e, também, fortalecer a sensação de que a vida continua quando da aposentadoria.

Como preparar a ocupação do tempo de forma gratificante

Um fato é certo: não se deixe seduzir pela idéia de que "na hora a gente vê como faz".

Além da hipótese do negócio próprio, seja formal, seja informal, você pode aproveitar intensamente todo o tempo de que dispuser na fase de aposentadoria, planejando uma das seguintes atividades, da maneira que lhe convenha, e se aproximar das coisas de que gosta:

- dedicar-se ao aprendizado de alguma habilidade na qual tenha interesse, como alguma expressão das artes;
- vincular-se a alguma entidade de ação social;
- dedicar tempo ao trabalho voluntário em instituições de interesse público;
- participar da Universidade da Terceira Idade, que vem sendo implantada no Brasil, nela fazendo cursos de aprimoramento profissional e cultural;
- escrever livros, se "descobrir" esta inclinação no acervo dos seus potenciais e das suas habilidades;
- preparar um roteiro de viagens de exploração de novas culturas e conhecimentos, tanto em âmbito nacional quanto internacional, a depender das suas disponibilidades financeiras.

Como preparar a saúde mental e emocional

O que fizer, em conformidade com os tópicos anteriores, será um grande passo na preservação da saúde mental e emocional. Deve ser evitada a todo custo a hipótese de não saber o que fazer com o tempo disponível, vez que isto geralmente afeta de forma negativa o equilíbrio emocional.

Os especialistas nas questões da terceira idade recomendam enfaticamente:

- manter a mente ocupada, exercitando-a com atividades que a desafiem, principalmente as que demandam as energias do raciocí-

nio e da imaginação. Portanto, manter as mãos ocupadas e a mente em processo de elaboração de raciocínios são atividades que protegem a mente de uma espécie de esvaziamento ou de atrofia;
- intensificar os relacionamentos sociais e familiares. Jamais se afastar dos amigos e dos familiares tem sido a tônica do aconselhamento oferecido pelos especialistas no trato das questões geriátricas;
- se for o seu caso, intensificar a prática da sua religião e das reflexões que seus fundamentos orientam. Pensamentos elevados e reflexões sobre questões importantes da natureza divina do ser humano são poderosos recursos para consolidar o equilíbrio emocional;
- não se negar à experimentação do amor. Não há causas impeditivas para o amor na terceira idade, muito menos o amor é uma condição da juventude. Dê vazão aos sentimentos superiores e ame de forma tão intensa quanto vem fazendo atualmente;
- manter a regularidade do acompanhamento médico, avaliando a saúde mental tanto quanto faria no que se refere à saúde física.

Como preservar a saúde física

Nunca é demais lembrar, por mais "batido" que seja, o princípio *mens sana in corpore sano*. Portanto, as atividades físicas devem ser continuadas ou iniciadas, a depender dos seus hábitos de momento, para que a estimulação do aparelho circulatório, da respiração e da musculatura reflita sempre uma boa disposição física. Com o devido acompanhamento médico, a movimentação física regular é uma forma de se preservar o tônus vital, expresso no fortalecimento físico.

Os especialistas recomendam:
- nada de ócio sem sentido. Mova-se!;
- quanto menos tempo diante da televisão, melhor;
- não dar trégua ao corpo. Fazê-lo trabalhar sempre. No princípio, ele reclama um pouco, mas passa gradativamente a gostar da agitação e a pedir a regularidade. Atenda a este apelo;
- exercitar-se com o acompanhamento médico e a orientação de profissionais. Não aderir a modismos ou atirar-se nas aventuras de muitas "terapias" físicas que vêm aparecendo.

... Finalizando

Não deixe nada para depois. Pode vir a ser tarde demais. Inicie já a preparação de sua aposentadoria.

Como cada pessoa tem um ritmo e um padrão, assim como todo um conjunto de potenciais e de conhecimentos, é fundamental que você encontre a sua faixa e o seu estilo e, neles, defina o que deverá fazer quando da aposentadoria.

O que não pode, jamais, é fingir que o assunto não é importante e ignorar os desafios que a aposentadoria encerra.

Parte 2:

Escapando das Armadilhas Organizacionais

Parte 2.

O lado oculto das empresas

Se alguém se dispuser a conhecer o que venha a ser uma empresa, sem nela ter vivido, pode optar pela leitura dos livros que versam a respeito de Administração. Não faltarão alternativas. Segundo a carta-convite para um programa de desenvolvimento de executivos, promovido pelo Rens-sealer Polytechnic Institute, Troy, Nova Yorque (EUA), "a produção normal anual em língua inglesa de trabalhos sobre Administração é superior a 20.000 livros e 100.000 revistas. Se alguém pudesse ler essa produção a 2.000 palavras por minuto, 12 horas por dia e sete dias por semana, durante um ano, ainda restariam mais de 10.000.000 de páginas para serem lidas" (citado por Kleber Nascimento, em "O Executivo na Organização, Papéis e Funções Essenciais", INCISA, 1976, pág. 13). É muito o que se escreve a respeito de Administração e das empresas, de vez que o assunto desperta sempre grande interesse e é, realmente, um imenso universo para ser explorado.

Se um alienígena vindo de outra galáxia, portanto virgem inteiramente de qualquer contaminação cultural, examinasse todos os livros e publicações várias sobre as empresas, provavelmente ficaria um tanto confuso. Há livros que fazem crer que as empresas são pedacinhos do paraíso, que um distraído anjo deixou escapar por entre as nuvens.

A moda, desde os anos de 1970, tem sido a publicação de autobiografias de grandes empresários e suas realizações, com destaque para a "menina dos olhos": a empresa. Ademais, no esforço de promover o seu marketing institucional, muitas empresas contratam escritores profissionais para registrar no papel a sua epopéia e "como são maravilhosas". O pobre alienígena entraria em "parafuso" se comparasse o que leu com o que conseguiu ouvir e, pior ainda, ver em muitas empresas: lutas intestinas sem medidas pelo poder, disputas por espaços cada vez menores, cotoveladas a bombordo e a estibordo de executivos tentando chegar ao topo, com mais tenacidade que os corajosos alpinistas na busca do topo do Himalaia, além de rancores, amarguras, frustração e um forte sentimento de rejeição por parte dos empregados. Mas, onde estão as empresas maravilhosas descritas nos livros? Por que há tanta diferença entre o texto teórico da Administração e a sua prática diária?

A resposta é simples e direta: a diferença está no descompasso entre os que procuram conceituar uma empresa, digamos, como "ideal" e a forma pela qual os que a constroem entendem o que venha a ser certo ou errado. Não há dolo nesta visão dos que administram as empresas; o que há é uma gigantesca dificuldade para finalizar um projeto organizacional que aproxime a empresa do que preconizam os estudiosos. E a dificuldade é ditada pelo maior desafio: sobreviver! Também a empresa busca formas de sobrevivência, rescaldada por tantos sustos destes anos de crises.

Em tempos de economia a pleno vapor, demite-se sem qualquer critério, muitas vezes por simples capricho de um chefão. Quando as coisas estão difíceis, como no quadro de crises econômicas intermitentes, rotineiro no belo país em que vivemos, a dramaticidade aumenta de tom e as suas cores são mais selvagens: há de se cortar cabeças! Temos que fazer redução de custos! Vamos cortar as "gorduras"! E lá se vai gente pelo ralo das empresas, como se fossem resíduos do sistema produtivo. A sobrevivência nestes tempos é mais dolorosa, porque as regras não são as mesmas e o controle da situação escapa das mãos até dos poderosos, como nos muitos exemplos de empresas que fecharam porque o seu cliente também fechou, só para citar um dos motivos.

Empresa nenhuma tem coração, memória e sente saudade de alguém, foi o que me disse um velho (e lúcido) mestre, pelos idos de 1976, no momento em que estávamos em processo seletivo, quando eu concorreria a um cargo de Gerente de Treinamento. Na ocasião, não entendi o que queria dizer aquele senhor de ar sereno, transpirando idoneidade e competência. Passaram-se os anos e, cometidos todos os erros, entendi o que ele queria dizer.

Mais tarde, conversando por ocasião de um fim de tarde silencioso em um sítio nos arredores do Rio de Janeiro, repassamos os fatos e recordamos muitas experiências e aprendizados na luta pela sobrevivência nas empresas por onde passamos juntos e, melancolicamente, concluímos que, apesar de tudo, valia a pena ir em frente, mesmo porque não tínhamos alternativa: dependíamos das empresas para a manutenção das famílias.

Recordei, então, certa passagem em que este mestre e amigo, já àquela altura um profissional reputadíssimo na área, teve que suportar em silêncio uma insolente secretária de presidência. Perguntei-lhe, assustado pela palidez do seu rosto, por que não lhe disparou uns merecidos desaforos, logo ele, um profissional do mais alto nível, e recebi como resposta: "Tenho cinco razões e você as conhece, principalmente a mais nova". Era a esposa – uma criatura dulcíssima – e os quatro filhos, especialmente o mais novinho. Lição de vida aprendida.

As empresas são imperfeitas, assim como o são o homem e a sociedade que criou: este monstrengo a que se denominou pomposamente de "sociedade industrial-urbana". As pessoas entram para as empresas e levam consigo a sua bagagem de desvios educacionais, visões equivocadas das regras de vida, e fazem das empresas um retrato miniaturizado da sociedade.

Há muitas injustiças e sofrimentos nas empresas porque lhes falta a visão do que é justo ou não, como deveria ser. Encontramos os regimes persecutórios nas empresas, porque as pessoas aprenderam a hostilizar seus semelhantes e a perseguir os desafetos e aqueles que podem se constituir em algum tipo de ameaça. E há o mais insidioso e terrível dos agentes perturbadores da harmonia nas relações interpessoais dentro das empresas: o dinheiro e o seu significado em termos de poder de aquisição e *status*.

Mente-se nas empresas, porque a mentira é tão tolerada que já existe a tal da "mentirinha socialmente aceita", a verdade de muitas empresas para se manter de pé e assegurando o faturamento e o lucro.

As empresas não são monstros ou uma espécie de *avant-première* do Apocalipse de São João. Elas são parcelas da sociedade, extratos da sua personalidade e devem evoluir e alcançar novos patamares de qualidade na mesma proporção em que isto vier a ser conquistado pelo indivíduo e pela sociedade. Assim como transitar pelas ruas das grandes cidades é uma corrida contra a violência e as ameaças, sobreviver nas empresas constitui-se em algo semelhante a uma corrida de obstáculos, na qual só as pernas mais ágeis e os pulmões mais oxigenados têm real chance de vencer (evidentemente que toda essa energia temperada por um cérebro ativo...).

Não quede desanimado o leitor destas linhas. Apesar de tudo, a luta pela sobrevivência tem seus subprodutos benéficos. Um deles, seguramente o mais importante, é o efeito galvanizador dos espíritos, melhor preparando-os para o próximo *round* da luta. Já diziam os antigos: *ad augusta per augusta*, ou, em uma tradução mais extensa, através das dificuldades é que se chega aos grandes resultados.

Demitido... pela primeira vez!

E lá estava ele: **d-e-m-i-t-i-d-o**! Logo ele, que dera tudo de si por aquela empresa, desde os bons e há muito idos tempos de estagiário. Era isso mesmo: demitido... demitido..., como a tantos vira sê-lo em mais de 20 anos de serviço. Naquele momento, levantando os olhos para a embaraçada expressão do seu diretor, ele sentia o vazio que representava o tempo de dedicação, muito trabalho, um casamento quase estragado pelo amor que subtraíra à esposa e aos filhos para dar para aquela empresa.

Ele gostava de, aos sábados, passear em alguns supermercados, só para deliciar-se com a visão dos produtos da empresa "girando" nas gôndolas e os apressados repositores correndo para preencher os vazios que não paravam de aparecer aqui e ali. Era gostoso! Não raras vezes, sugeria de forma discreta para uma compradora indecisa as maravilhas que continham aquelas embalagens.

E, agora, lá estava ele: demitido. Até que o seu diretor procurou evitar o jargão de sempre (estamos em reestruturação... os tempos estão difíceis... pediram-me algumas cabeças e não tive alternativa... vai me desculpar... você compreende, né?). Não esperou muito para dar o golpe frio como aço e comunicar-lhe: "a empresa está dispensando os seus serviços a partir de hoje e queira assinar esta carta de aviso prévio, por favor".

Foi assim, simples como apertar o gatilho de um 38 para roubar um relógio de plástico e uns trocados. O diretor ficou por mais alguns minutos tentando justificar o ato perpetrado contra ele, enquanto sentia seu coração pulsando mais rápido, na proporção em que uma mistura de raiva, medo e náusea subia-lhe pela garganta.

Ao sair da sala do diretor, topou com o olhar da sua venenosa e esnobe secretária e dela captou um sinal que entendeu como "tá no olho da rua, não é?". Chegou à sua sala, sentou-se lentamente na cadeira e reparou que o costumeiro envelope confidencial com os relatórios gerenciais do dia anterior não estava sobre a mesa, como era a sua rotina. Entendeu esta falta como o sinal final da sua demissão. Não precisava mais ter acesso às informações, porque não teria mais utilidade para a empresa.

No caminho para casa, o vermelho do sinal de trânsito parecia-lhe como o cartão vermelho para um jogador de futebol: para fora! Já!

Sua mulher, companheira de 21 anos de casamento e mãe dos seus três filhos, não demorou muito para perceber que algo estava errado com o envelhecido marido que tinha diante de si; envelhecido um pouco mais em relação ao seu estado pela manhã. Chorou com ele e partilhou o sabor amargo da situação. Mulher, sobretudo, e por isso um ser fantástico, recuperou-se primeiro e recompôs a serenidade no rosto. Com a voz límpida e carregada de uma energia especial, disse para o marido: "Não há mais o que fazer. Daqui para frente é encarar a realidade e procurar um novo emprego. Você é competente, sério e trabalhador. Não é possível que lhe faltem as oportunidades. Vamos jantar que depois lhe conto as últimas das 'pestinhas' dos seus filhos!"

No domingo seguinte, comprou os jornais de sempre e correu para os cadernos de classificados, recortando os anúncios que lhe pareciam atraentes. A esta altura, dispunha de uma porção de vias do seu currículo, impressas na máquina a *laser* da empresa, uma pequena contribuição de sua secretária e do pessoal da área de Sistemas. Despachou centenas pela Internet e envelopou dezenas e, logo cedo, no dia seguinte, despachou aquele monte de esperanças e esperou... esperou... até que recebeu o primeiro telefonema para tratar de uma entrevista inicial.

Envergando o seu melhor terno, sapatos engraxados por sua mulher com esmerado capricho, topou com uma jovem na agência de empregos do centro da cidade, que lhe fez meia-dúzia de perguntas tolas, porque a resposta de cada uma estava impressa (a *laser*) no currículo. Saiu de lá aturdido e correu para a segunda entrevista, esta em uma empresa de Consultoria de Recursos Humanos, muito bem montada, onde foi recebido com cortesia e entrevistado por um consultor que lhe propôs um trabalho de recolocação.

Parecendo-lhe interessante, assinou o contrato, pagou a taxa e voltou para casa animado com as perspectivas que lhe foram apontadas pelo consultor.

Passaram-se dois meses de longas entrevistas em vários pontos da cidade. Em uma, foi descartado porque "era muito velho" para o cargo (tinha 42 anos); em outra, a alegação foi que "era experiente demais para o cargo"; na sexta empresa consideraram o seu salário muito alto e, na oitava, propuseram-lhe uma transferência para uma cidade do Nordeste, o que foi imediatamente negado por toda a família. Na sétima, sequer lhe deram uma resposta... Nas outras entrevistas, já nem lembrava o que acontecera, se fora bem ou não.

No final do quinto mês, sua mulher mostrou-se preocupada com o saldo de caixa da família: O Fundo de Garantia estava no "fundo" e o dinheiro da indenização daria para mais dois meses, esticando para três, quem sabe uns cinco meses, contando com o seguro-desemprego e se houvesse um severo corte nas despesas (aliás, o terceiro). E, neste momento, ele teve medo. Suas inquietas noites de sono transformaram-se em longas horas de vigília, olhando para o teto, levemente iluminado por uma sobrinha de luz que vinha da lâmpada do *hall* que dava para os quartos das crianças.

O bonito terno que usou na primeira e em muitas outras entrevistas precisou ser ajustado, porque emagrecera pelo menos uns oito quilos. Sua mulher até pilheriava, dizendo que ele estava ficando um "gatão" com os centímetros a menos na barriga e que temia a concorrência das moças que andavam pelas ruas. Ele achava engraçado e compreendia o enorme esforço que ela fazia para pilheriar, sabendo ser uma forma de diminuir a dor que lhe comia por dentro, a cada quilo que o marido perdia, consumido pela angústia e pelas preocupações.

Inaugurando o semestre na categoria de desempregado, e já perdendo o direito ao seguro-desemprego, foi apresentado por um amigo do prédio em que residia a um consultor de Recursos Humanos, com o qual marcou uma entrevista para a semana seguinte, sem muito ânimo, porque era a de número 29.

Lá chegando, preparou-se para responder as perguntas que sabia de cor e para a famosa frase: "No momento não dispomos de uma posição para o senhor, mas vamos trabalhar com o seu currículo, e assim que houver uma possibilidade concreta entraremos em contato".

Qual não foi a sua surpresa quando o consultor, um senhor em torno dos 50 anos, afável e sugerindo "ser do ramo" por sua postura de firmeza, convidou-o para que tirasse o paletó, sentasse numa poltrona e saboreasse um cafezinho, enquanto papeavam sobre o governo, os impostos, a inflação, a recessão e – inevitável – o pênalti que não foi apontado pelo juiz no jogo Corinthians × São Paulo. Quando percebeu, estava falando de si e da sua carreira, respondendo a perguntas e comentários do consultor.

Ao final da terceira hora, já bem escuro, o consultor pediu-lhe que ouvisse atentamente o que diria a seguir:

"O senhor é mais um daqueles que não sabem procurar empregos e que não se prepararam para encarar a realidade. Perdoe-me a franqueza, mas o senhor cometeu alguns erros nestes últimos anos: escondeu-se na empresa, não defendeu sua posição enquanto lá esteve e nunca considerou as ofertas de emprego que lhe apresentaram, porque achava que não era certo. Eu vou empregá-lo. Tomo a isto como um compromisso maior do que o mero cumprimento de um dever profissional. Eu quero ajudá-lo, assim como me ajudaram em situação semelhante. Não, não veja isto como um favor! E, também, nada de supor que o senhor me induz a qualquer tipo de piedade ou algo parecido! O seu currículo profissional é expressivo e tenho como abrir os espaços para recolocá-lo, porque só trabalho com empresas de primeira linha. Mas saiba de uma coisa: o senhor vai ter que mudar daqui para frente. Em primeiro lugar, é tratar de recuperar a auto-estima. Em segundo, vamos substituir esta cara de desânimo por uma expressão de maior firmeza, porque, além do senhor, há centenas de outros executivos na mesma situação e não há motivo para envergonhar-se ou para autocomiseração. Empregando-se, deverá estar mais atento para a sobrevivência. Como fazê-lo, será uma decisão do senhor. Aqui está uma relação de bons livros para que leia atentamente. Outros, como o senhor, já os leram e obtiveram bons indicadores para uma reforma, digamos assim, em seu projeto de vida e carreira".

Dito isto, passou para as mãos do entrevistado: *Viver e Trabalhar*, de João Bosco Lodi; *Carreira – Manual do Proprietário*, de Nelson Savioli; *Trabalhar e Desfrutar – Equilíbrio entre Vida Pessoal e Profissional*, de Renato Bernhoeft; *O Livro de Mesa do Executivo*, de Auren Uris e *Empregabilidade*, de José Augusto Minarelli.

> *"Assim que terminar de ler todos os livros – e espero que o faça já reempregado –, quero que leia atentamente este texto ainda inédito. É de autoria de um profissional das minhas relações pessoais e mostra como sobreviver nas empresas, de uma forma, digamos, pouco ortodoxa".* E entregou um conjunto de páginas impressas, com o texto dos capítulos seguintes deste livro.

Antes de se despedir, ofereceu ao entrevistado um cartão pouco maior que uma carta de baralho, no qual estava escrita uma espécie de decálogo que ele próprio produzira e costumava distribuir para todos a que atendia. Lá estava:

1. Desesperar, jamais!
2. Manter a auto-estima em alta.
3. Manter a autoconfiança.
4. Divulgar o currículo profissional com zelo.
5. Mentalizar os valores enquanto pessoa e profissional.
6. Escolher criteriosamente entre as alternativas.
7. Reempregado, cuidar da carreira com carinho.
8. Cuidar sempre da imagem profissional.
9. Ampliar os horizontes e as perspectivas de vida.
10. Crescer sempre e usufruir intensamente o crescimento.

Ah, quase esquecia: para alívio de quem escreveu este livro e, certamente, do leitor, mês e meio após esta entrevista o executivo estava reempregado, muito bem reempregado!

Como sobreviver (ou: tenho que suportar tudo isso, por causa de um salário tão triste?)

Como conviver construtivamente com a chefia imediata

Há três problemas básicos no exercício da convivência com a chefia imediata:

1. não escolhemos quem será o nosso chefe;
2. estamos (todos) longe do que seria ideal em termos das relações de subordinação formal;
3. tendemos, praticamente todos, a carregar conosco uma espécie de mecanismo de rejeição à figura de quem representa o mando e a conseqüente necessidade de obedecer.

Estes problemas não justificam uma espécie de fatalismo, como, por exemplo: "tem de ser assim, portanto que seja assim... nada posso fazer!". Existem, é verdade, mas apenas refletem uma situação de imperfeição, de projeto evolutivo ainda não completado, exigindo, ademais, que os interessados (e os afetados) tomem algum tipo de providência a respeito.

Conviver com uma pessoa que sobre nós exerce o poder formal de mando (a chefia) pode ser um tormento, mas pode ser também uma coletânea de momentos de crescimento e de troca de gratificantes experiências. As pessoas, de maneira geral, sonham com um tipo de subordinação, na qual sua liberdade e sua auto-estima sejam cuidadosamente preservadas, o que é legítimo.

O primeiro passo é radical, mesmo: se não gostar de seu chefe e puder sair da sua esfera de influência e de mando, faça-o! Consiga uma transferência interna, "torça" desesperadamente para que ele seja transferido para aquela distante fábrica da empresa, preferencialmente muito bem pago, para que não se sinta tentando a voltar. E, em caso de absoluta impotência para resolver o seu drama pessoal, procure outro emprego e vá em frente! Tudo que você fizer, desde que eticamente sustentável, para afastar-se do chefe por quem não nutre os mais puros sentimentos será válido.

Admitamos, agora, a hipótese de não ser possível se livrar do chefe; aceitemos, pois, a inevitabilidade da convivência. Ele está lá, no cantinho dele, e você contendo a fúria no seu. O que fazer? Como sobreviver aos eventuais desencantos nas relações com o chefe? É possível uma situação de harmonia nestas relações?

As respostas para estas perguntas podem ser inspiradas nas considerações a seguir.

Seu chefe é incompetente

Nada de pânico! Não há motivo para que você venha a se sentir como a mais infeliz das criaturas! No caso, você tem duas boas opções no que tange à convivência com este tipo de chefe:

- a primeira é ajudá-lo a cumprir o papel... dele! É isso mesmo: suprir o despreparo dele, colaborando para que os resultados da sua área sejam alcançados! É uma postura elegante, que revela o seu caráter profissional e o zelo pelos interesses maiores da empresa. Assim procedendo, você somará valiosos pontos ao seu prestígio na empresa e, certamente, irá usufruir os benefícios mais tarde;
- a segunda é, caso não possa ajudá-lo, procurar não fazer nada para prejudicá-lo. Nada de sabotagens, muito menos de comentários depreciativos. Ética, profissionalismo e respeito pelos demais são valores que devem ser preservados.

Seu chefe é um autoritário

Você não tem culpa disso. Não foi você quem o escolheu para dirigir o setor em que está lotado, assim como não foi você quem descuidou do preparo do seu chefe para o exercício democrático do cargo e da parcela de autoridade nele embutida.

Paciência, cautela e visão política: eis a fórmula para conviver com um autoritário. Procure evitar os choques e atraia a atenção dele para você.

Faça o seu trabalho e respeite os seus compromissos com a empresa. Confie no que ainda resta de senso de justiça na empresa, contando que a vida de um autoritário não costuma ser das mais longas em uma empresa. A não ser no caso de o chefe autoritário vir a ser dono da empresa, situação em que é melhor procurar outra "casa" para trabalhar. O melhor é deixar que o tempo se encarregue de livrá-lo deste desagradável chefe.

Seu chefe é ciumento

Não lhe provoque mais os ciúmes e o deixe pacificamente com seus equívocos; esta é a fórmula para conviver com este tipo de chefe. Certamente, é uma pessoa que carrega parcelas enormes de insegurança, e não será você quem vai lhe provocar mais do que é razoável suportar, não é?

Seu chefe é vaidoso

É uma situação parecida com o tipo anterior, com "remédio" também semelhante. O chefe vaidoso não suporta a idéia de que alguém venha a brilhar mais do que ele. Assim, procure não ofuscar a sua resplandecência e não será incomodado.

Seu chefe é uma pessoa indiferente

Por quê? Estará desmotivado? Ou será que é mesmo uma pessoa apagada? Seja o que for, não se deixe contaminar por esta característica. Trabalhe normalmente, cumpra todos os seus deveres e concentre as suas energias na missão que lhe foi confiada pela empresa. Esqueça o seu chefe e trate de cuidar da sua carreira, o que já é uma excelente razão para sobreviver a ele.

Seu chefe é um carreirista

Se a motivação dele é a carreira, o que você teria a opor? Deixe-o lapidar a sua trajetória, não se interponha no seu caminho e "torça" para que ele consiga ser guindado para o próximo degrau da carreira e... ufa! Você estará logo, logo livre dele!

O que fazer para não ser visto como ultrapassado(a)

Todo mundo chega aos 50 anos, com exceção, naturalmente, dos que se vão antes de completar essa idade. Então, por que esperar para ser tachado de "velho", "superado", "ativo depreciado", e outros termos, para começar a agir? O que é isso: fatalismo ou um mecanismo inconsciente de masoquismo? Acaso tomou alguns goles da fonte da juventude e não quer compartilhar o segredo da sua localização com os demais mortais?

É preciso falar sério a respeito: a melhor época para começar a preocupar-se com o assunto é no início da carreira, naquela fase em que os antigos romanos chamavam de *juventus* ou primeira maturidade, que se situava entre os 25 e os 40 anos de idade. Hoje, a primeira maturidade começa mais cedo, dentro do espaço temporal cedido pela adolescência, espremida em poucos anos de encantamento, em nome da necessidade de se estar preparado para o mundo.

O indivíduo que se preocupa com a "senilidade precoce", arbitrariamente imposta por muitos tecnocratas da área de Recursos (des)Humanos das empresas, no ato de descrever o perfil de um cargo e nele situar a idade como fator crítico, certamente está agindo com sabedoria. Insistem as empresas, mal assessoradas pelos "técnicos em comportamento humano", que o homem com mais de 35 anos e a mulher que ultrapassou a marca dos 30, sobretudo casada e com filhos, estão velhos e devem ser alijados, para ceder espaço para os mais jovens. Não há, nestas empresas, a menor compreensão sobre questões como maturidade e experiência acumulada, valores que se constroem com o tempo.

Vejamos alguns exemplos de pessoas "velhas"... que transformaram o mundo:

- aos 25, Goethe escreveu *Werther* e, aos 60, brindou-nos com *Fausto*;
- Thomas Mann escreveu *Doktor Faustus* aos 72 anos;
- Montesquieu iniciou *O Espírito das Leis* aos 54 anos;
- *A Riqueza das Nações* foi publicada por Adam Smith quando ele tinha 54 anos de idade;
- Cervantes terminou a primeira parte de *Dom Quixote* aos 58 anos;
- Beethoven produziu a *Missa Solene* e a *Sinfonia Coral* nos últimos dez anos de sua vida;
- Haendel escreveu seus 15 grandes oratórios posteriores aos *Messias* depois dos 57 anos;
- Da Vinci chegou à maturidade plena aos 70 anos... e já tinha pintado *La Gioconda* e *A Batalha de Amghiari*.

A lista de pessoas geniais é imensa. Na maioria absoluta, são "idosas", as quais certamente seriam eliminadas por uma estagiária de segundo ano de Psicologia do Departamento de Recrutamento e Seleção de uma empresa... por causa da idade! Não espere o leitor ser respeitado quando estiver com 50 anos, apostando em uma reforma cultural na mentalidade das empresas.

O risco de vir a ser convidado para uma cerimônia constrangedora de despedida é muito grande; é triste ter de ouvir um discurso (falso) e ganhar um relógio e um diploma e ter que ir para casa carregando o fardo da velhice arbitrada por um desavisado qualquer da empresa. É preciso agir, e rápido!

Tomemos, ainda, como ricos exemplos, algumas pessoas notáveis no âmbito empresarial brasileiro que certamente jamais se preocuparam com os preconceitos relativos à idade:

- Sebastião Camargo Correa, da Camargo Correa, quando já estava com setenta e poucos anos esbanjava energia no trabalho construindo o seu grupo de empresas;
- Amador Aguiar, fundador do Bradesco, próximo aos 80 anos de idade, comparecia diariamente à sede do banco, na Cidade de Deus (Osasco, SP), bem antes das 7 horas da manhã e tinha no trabalho "a razão de ser, a energia vital", segundo afirmava nas raras entrevistas que concedeu.

Não cabe diminuir a façanha destes empresários, como tentam fazê-lo algumas pessoas. Justificar a riqueza e o poder dos mencionados como a condição para mantê-los produtivos na faixa de idade em que a maioria das pessoas é vista como senis, além de ser uma impropriedade, configura-se como uma tolice descabida. O indivíduo é e será criador, empreendedor etc. se e enquanto quiser!

E o que dizer do doutor Edwards Deming, o pai dos modernos conceitos de Qualidade Assegurada, que, aos 92 anos, levantava-se às 6 horas e trabalhava 16 horas por dia? E da atriz brasileira Henriqueta Brieba, que ostentava 60 anos... de teatro, antes de falecer! De fato, talento e disposição para o trabalho costumam ignorar os preconceitos e as visões equivocadas.

Saia da empresa antes de lhe dar o gostinho de mandá-lo(a) embora, porque está velho(a)! Verifique o histórico da empresa e colha os indicadores de senilidade profissional que nela valem e procure antecipar-se. Busque outra empresa ou liberte-se do condicionamento de "ser empregado para viver" e parta para o próprio negócio, ou algo que se assemelhe. Você pode, também, agir de maneira "defensiva": crie uma tal dependência da sua pessoa, que ninguém ousará pensar em demiti-lo(a). A propósito, conheço, em detalhes, a história de um gerente de manutenção que destruía as plantas e desenhos, à medida que memorizava a distribuição dos circuitos elétricos e dos dutos de vapor e ar comprimido. Esperto, o moço! Se você criar a dependência, firmada em domínio técnico e reputação ilibada, chegará aos 50 anos e os ultrapassará... empregado!

Construir uma base financeira segura é uma boa medida preventiva. Ela não evitará que seja dispensado, mas suavizará o impacto. Ademais, uma situação financeira, se não invejável, pelo menos dará a você "fôlego" e tempo para competir no mercado e recolocar-se.

Outra medida para os "matusaléns" (ou próximo de vir a sê-los), pouco ortodoxa, mas de eficácia assegurada no desafio da sobrevivência, é esforçar-se para não parecer velho. Explico: são tão perversas e tolas as empresas em sua maioria, que "lêem" o que supõem indicadores de velhice nos aspectos exteriores do indivíduo. Nem sempre as empresas sabem a idade real do indivíduo, mas assentam-lhe o rótulo "fora do prazo de validade" indiscriminadamente. Portanto, cuide-se! Sessões de ginástica, um regime alimentar bem balanceado por um especialista, roupas *up-to-date*, alguns desses tratamentos de beleza hoje disponíveis, forma e estilos de pensar e verbalizar sintonizadas com o tempo, quem sabe uma plástica periférica e outros artifícios, são procedimentos de sobrevivência que você deve considerar antes de tratá-los com galhofas e desprezo. Como já disseram que "a juventude é um estado de espírito", certamente por pessoas pouco versadas nos mistérios biológicos, trate de derramar do espírito para o corpo a sua juventude eterna!

E já que a meta é sobreviver, lembre-se de que um dos seus mais evidentes elementos vitais é o crescimento contínuo. Mantenha-se, a este respeito, rigorosamente atualizado, evitando o medo do novo e a acomodação. Crescer, como recurso inicial para assegurar a sobrevivência em uma sociedade competitiva, é mostra inegável de sensatez e de visão de futuro.

E mais: mergulhe fundo nos mistérios da informática. Domine os seus segredos e os aplique em benefício da empresa. Ande pelos corredores portando manuais e livros que falem de *softwares* avançados e recursos "de ponta". Isto não apenas para tentar impressionar, o que certamente vai parecer patético; significa acompanhar a evolução da ciência da informação, a mais poderosa indústria destes tempos em que vivemos e antevisão do que nos esperam os próximos anos.

Engolir sapos como se tivessem sabor de caramelo (ou como suportar momentos e as situações difíceis)

Caro leitor, domine os protestos do estômago e imagine um sapo, daqueles bem viscosos e verdes, com pintinhas pretas no dorso, e a hipótese de vir a ter que engoli-lo... vivo! Aliás, os sapos não são exatamente viscosos, mas deixemos de lado o detalhe zootécnico e fiquemos com a horrenda analogia! O pobre batráquio não tem culpa por seu aspecto repulsivo, mas foi escolhido para ilustrar uma bem-humorada expressão popular, "engolir sapos", como sinônimo de ter que aceitar o inevitável.

Há situações em que sentimos o sangue ferver e a raiva subir pelo esôfago, sendo contida no último segundo e devolvida para algum arquivo interno chamado "deixar pra lá". E não são raras estas situações. Aliás, são muito freqüentes, quase diárias para quem vive nas empresas.

Das muitas situações difíceis que se instalam à nossa frente, há aquelas do chefe vociferante, dedo em riste, "cuspindo marimbondo", e o sujeito diante dele, coberto de razão, sem poder dar um pio sequer. Minutos de agonia que mais parecem uma eternidade são uma terrível prova para o autodomínio. O medo do confronto, e das perdas que pode provocar, leva as pessoas a "engolirem o sapo", serenamente, como se a pele do dito tivesse o sabor de caramelo, padrão sorvete-da-infância-tomado-às-escondidas-da-mamãe!

Pobres de nós, dependentes das empresas, e que, em nome da manutenção do emprego – do qual nem sempre gostamos –, somos obrigados a suportar tal provação. Certamente, lá no Paraíso, antes de Adão e Eva provarem o fruto proibido, não havia esta situação; o Arcanjo que os expulsou, espada de fogo apontando para o planetinha azul, deve ter acrescentado à ordem d'Ele, entredentes, a maldição do "engolir o sapo".

Quantos sapos o leitor "engoliu" nos últimos meses? Em nome da sobrevivência, quantas vezes sentiu o custo de devolver uma defesa para o interior de si próprio, apenas porque não era prudente vociferar também com o chefe e dizer-lhe tudo o que gostaria (e que ele merece ouvir)? E quantos dias o fato ficou ecoando de lá para cá, na atormentada mente, até durante os sonhos, quando conseguia dormir?

Não há nada de novo, muito menos de depreciativo, para o indivíduo nestas situações. Cada um de nós esteve (e estará) exposto às mudanças de humor do chefe, às variações do termômetro das suas crises existenciais e ao mecanismo de transferência que ele aciona quando, também, deve "engolir sapos" (tomara que os dele sejam especialmente repulsivos e tenham gosto do hábito do demônio!). E, como não poderia deixar de ser, o repetir destas situações leva-nos, com o tempo, a uma espécie de galvanização das nossas percepções, ensinando-nos a suportá-las com estoicismo.

Quem tenha em mente a sobrevivência nas modernas empresas e nelas fazer carreira deve aprender a "engolir sapos". Caso não queira (ou não consiga) fazê-lo, resta a alternativa de trabalhar por conta própria... mas terá de, no mínimo, engolir rãs e pererecas! Neste caso, há de enfrentar os clientes, os fornecedores, a legislação tributária, as pressões dos empregados e toda uma longa série de pequenas e grandes dores de cabeça.

Não cabe aqui um convite para uma mansidão de carneiro de sacrifício, o que pode sugerir uma atitude pusilânime. Tratando-se, porém, de realidade, a qual está mais para a frieza concreta do aço do que para o diáfano dos pigmentos das asinhas das borboletas, somos forçados a nos lembrar que sobreviver nas empresas é uma luta, e não um teatrinho de marionetes. É séria a coisa!

Mas, onde está o sabor caramelo ao qual alude o título deste capítulo? Ele é figurativo, uma espécie de imagem literária para melhor comunicar o conceito ao leitor (que este não vá lamber sapos pelos brejos, para encontrar algum com sabor de chocolate, por exemplo!). O sabor caramelo é a sublimação da dor, coisa parecida com a de um tratamento dentário: dói agora, mas estou livre de outras dores maiores, por muitos anos.

Então, sejamos mais claros: o sabor caramelo é a consciência adulta de que "engolir sapo", a um dado momento da carreira, é o preço a pagar pelo aprendizado e pelo amadurecimento, até o instante de "devolver o sapo" para o seu legítimo dono: o chefe vociferante, o patrão que não leu a história do Brasil para "descobrir" que a escravidão foi abolida pela Princesa Isabel em 1888 (disso ele só sabe o que dizem alguns trechos de antigos sambas de enredo).

A melhor forma de enfrentar os sapos é encarando os fatos de frente e deles extrair um aprendizado para mais tarde. Por outro lado, é o inevitável estágio de treinamento para fortalecer as convicções e, mais cedo ou mais tarde, conseguir concretizar as nossas juras de "não mais vou ter de suportar outra dessas".

Finalmente, o que se recomenda é: "engula os sapos"... prepare-se e cresça... para nunca mais ter que repetir esta nauseante degustação!

Abrindo portas... fora da empresa

Sua empresa, por melhor que seja, não é o universo. Há muita coisa acontecendo no "mundo exterior" que pode ser uma bela oportunidade para você, desde que a sua visão não esteja desfocada.

É muito importante e meritório o sentimento de "vestir a camisa" da empresa e a ela dedicar-se intensamente. Quando mais não seja, é uma obrigação a que a pessoa está sujeita, por força de um contrato de trabalho. Porém, há um elemento de risco: e se, a despeito da sua dedicação, a empresa vier a prescindir dos seus serviços, seja por que motivo for? Para onde você vai? Quais serão as suas chances de uma recolocação rápida e em condições satisfatórias? Rigorosamente falando, é bom lembrar que ninguém está livre de uma surpresa como aquela suportada pelo gerente da história que abre esta segunda parte do livro: o demitido!

Destarte, convém estar preparado para esta possibilidade tanto psicologicamente como nos mecanismos de busca de um novo emprego. A respeito, veja algumas alternativas para ajudar uma rápida recolocação, uma boa estratégia de manter portas abertas fora da empresa:

- torne-se conhecido nos principais clientes e fornecedores da sua empresa. Procure fazer os seus contatos e assegurar canais de comunicação com as pessoas importantes nas empresas mencionadas. Não há nada de imoral nisso. Você não estará lesando sua empresa, assim como não estará violando qualquer dispositivo ético. Tornar-se conhecido é fazer com que as pessoas saibam que é você aquele sujeito que sempre desata os nós das relações comerciais, mostrando boa vontade e interesse profissional na preservação dos bons negócios;

- torne-se conhecido no concorrente, o que não é muito difícil nem ilícito. Basta que você apareça nos eventos ligados ao segmento de mercado da sua empresa, como feiras, congressos, seminários e mesas redondas, entre outros, "forçando" um pouquinho a sua visibilidade. É bom conseguir ser apresentado a executivos dos concorrentes. Um papo cordial, uma troca de gentilezas e de cartões de visita e aí está mais um canal de comunicação com o mercado de trabalho;
- não se esqueça de outros segmentos de mercado, além daquele em que atua a sua empresa. Apareça em eventos públicos, como os referidos no item anterior e faça o seu marketing pessoal;
- crie relações positivas com os profissionais de contratação de executivos (consultores ou *head hunters*). Visite-os. Eles terão prazer em recebê-lo e apreciar o seu currículo. Saiba que as melhores oportunidades de trabalho não são publicadas em jornais; elas estão nas mãos dos *head hunters*. Se for o caso, pague para ser recebido e avaliado por estes profissionais. É um investimento para o futuro que sempre rende dividendos generosos;
- jamais recuse a ponderação sobre uma oferta de emprego. É um erro lamentável. Não há nada de imoral e antiético na ponderação sobre uma oferta de emprego. Desde que não seja no horário de trabalho da sua empresa ou nas instalações do concorrente, tudo o mais é legítimo. Muitos executivos tremem feito gelatina fora do ponto quando recebem um telefonema propondo uma entrevista preliminar. Ficam alguns como que ofendidos, e recusam o contato de forma nem sempre polida. Mais tarde, quando se invertem os papéis, estes mesmos executivos ficam chocadíssimos porque são friamente recebidos por aqueles a quem dispensaram o mesmo tratamento no passado. Ingênuos, crédulos e orgulhosos pagam um preço muito alto à realidade empresarial;
- você já pensou em abrir o próprio negócio, tocando-o em paralelo ao seu emprego? Não? Pois está perdendo uma oportunidade fantástica de reduzir a dependência que tenha de um emprego e seus riscos absurdos;
- e os amigos? Não se esqueça de sondá-los e ouvir o que têm a dizer sobre suas empresas e carreiras. Quem sabe pode aparecer uma porta entreaberta para o futuro, em uma tarde de domingo, enquanto gostosas cervejinhas são apreciadas!

Deixe de lado os temores infundados e os sentimentos de insegurança quanto ao que deve ou não fazer em defesa da própria sobrevivência. Há coisas mais importantes do que o relacionamento com um empregador, que sofrem rupturas abruptas e dolorosas, como um casamento, por exemplo, e que são enfrentadas pelas pessoas... sem que apareçam nas páginas policiais dos jornais!

É legítimo e prudente o seu esforço no sentido de ganhar "visibilidade" no mercado de trabalho e você não deve se abster dele, a não ser que queira fazê-lo no momento em que as portas estiverem fechadas, sua idade avançada e sua competitividade reduzida.

E, agora, o mais importante para abrir e manter abertas as portas de uma recolocação: estar preparado, atualizado e ter formação e experiências em mais de um campo de ação profissional. No que se refere a esta formação generalista, lembre-se sempre daquele caso do executivo 20 anos especializado no segmento de equipamentos de ressonância magnética nuclear, de aplicação em exames clínicos, e que teve de, em 15 dias, fechar a operação no Brasil, por ordem expressa da sua matriz no exterior. Quando deu por si, "acordou" enfim para a realidade, viu-se em um pesadelo: onde se empregar, se conhecia apenas (e profundamente) o segmento específico e a finada empresa?

Protegendo os flancos

Desde os primeiros exércitos organizados se respeita um cânone da estratégia militar: proteger os flancos, deixar aberto o caminho para a retirada, desobstruir as linhas de abastecimento e... cair de pau no inimigo! Você, para sobreviver em uma empresa, não precisa cursar uma academia militar; basta, em uma dada dimensão da batalha pela sobrevivência, evitar que os seus flancos fiquem expostos.

Sejamos mais claros: afirma o dito popular que "em rio de piranha, jacaré nada de costas", lembra-se? Pois então! Vamos aprender com a sapientíssima Natureza os mandamentos da sobrevivência e proteger os flancos! Destarte, você deverá avaliar os seus pontos fracos. Quais são? Como e em que intensidade a sua posição está em risco? Como, para quem e para o que estão expostos os seus eventuais flancos? Em que, precisamente, você está exposto?

Todos nós temos os nossos flancos, seja por despreparo, seja por fatores contingenciais, como fragilidade política, falta de apoio superior, equipe e recursos inadequados, dentre outros de menor monta. E mais: como estas faltas e fraquezas podem afetar negativamente os resultados críticos da sua área? Responder a estas questões é o primeiro passo para avaliar a sua situação e definir o contorno dos seus flancos.

O segundo passo é trabalhar no sentido de fortalecer os flancos, remanejando forças e recursos, como procedem os comandantes militares. Solicitar maior apoio aéreo e de artilharia para proteger os fustigados flancos, deslocar algumas metralhadoras pesadas para a região exposta ao ataque inimigo e estar lá, pessoalmente, supervisionando e estimulando a resistência da tropa. Saia da ostra! Perca o medo de reivindicar melhores recursos! Prove que o investimento na proteção dos flancos identificados em sua área é um bom negócio para a empresa!

Saia da sua sala, aquele ambiente charmoso e refrigerado a 25° C, e vá "suar" a camisa com sua equipe, lá "onde as coisas acontecem", em especial nas áreas críticas, mais expostas a problemas e erros. É vital não deixar que os seus flancos venham a perder resistência por falta de fluidos essenciais; um deles pode ser a sua presença, ajudando a debelar incêndios e a atacar os pequenos focos que teimam em brotar aqui e ali. Finalmente, lembre-se, mais uma vez, da sabedoria do dito popular, hoje uma exigência máxima de gestão empresarial: "O olho do dono engorda o boi!"

Evitando ser o alvo de fuxicos e fofocas

Se todo o tempo gasto pelas pessoas em falar mal umas das outras fosse utilizado para o cumprimento do papel profissional nas empresas, haveria notável ganho de produtividade. É espantoso, mas as pessoas de todos os escalões não conseguem resistir à tentação de:

- eleger uma vítima e, sobre ela, desabar uma forte carga de comentários maliciosos e críticas infundadas;
- deturpar os fatos e recompô-los da maneira como lhes convém, desde que o alvo dos comentários esteja sob alcance das suas sibilinas línguas;
- se não houver o que comentar, apelar para uma mistura de fantasia com perversidade, criando algo que sirva para demolir a reputação da indefesa vítima;
- dar vazão à inveja e aos ressentimentos através da maledicência.

De fato, é um desafio dos mais sérios conviver com esta característica das empresas, embora não seja restrita a elas exclusivamente. O que acontece é que, mais uma vez, se projeta nas empresas o caldo da cultura e dos hábitos sociais: as pessoas têm um especial e curioso prazer em desdobrar e perpetuar a maledicência!

A primeira recomendação (enfática!) para este desafio é: preserve sua intimidade e fale pouco de você, sobretudo a respeito da vida pessoal. Na verdade, aqui se trata de evitar fornecer munição para a arma do inimigo. É muito comum se fazer confidências com aqueles que supomos amigos ou deixar escapar um dado pessoal movidos por uma necessidade de "automassagear o ego". Não é bom. Saiba que o dado que se torna público pode ser mil vezes deturpado e sacado contra a sua imagem. E o que é pior: alimentar um sentimento de inveja nos recônditos da mente de alguém que não o aprecie.

Ser equilibrista, na arte de sobreviver nas empresas, é pesar as palavras, ponderar sobre os seus conteúdos, antes que sejam proferidas. O que lhe assegura que o ouvinte não vai canalizar suas opiniões para ouvidos mais sensíveis? É importante ser assertivo e responsivo, o que, em outras palavras, significa ser oportuno e preciso na verbalização, ao mesmo tempo em que se assume plenamente as conseqüências do que foi dito.

Língua solta pela imprudência ou pelo álcool das cervejinhas de fim de expediente é um desastre. O *day after* é igualmente uma hecatombe, como a do filme homônimo: é certo que algum dos ouvintes tirará algum proveito do incauto falastrão. É o início da fofoca, do "diz-que-diz", que nasce de forma pueril, quase inofensiva, e que, alastrando-se, chega a provocar consideráveis estragos.

Cautela e atenção podem reduzir os efeitos terríveis da maledicência gratuita nas empresas. Reza braba também deve ajudar...

Como distinguir os amigos na empresa dos que apenas parecem sê-lo

Os amigos distinguem-se dos demais tipos de pessoa que apenas emprestam esta caracterização de uma maneira bem simples: os primeiros (amigos de fato) sempre caminham conosco, independentemente de interesses outros, que não o prazer do convívio. Outro tipo de "amigo", muito comum no cenário empresarial, é marcado pelo interesse imediatista e ao seu lado enquanto lhe for conveniente! Como ratos de porões de navios, são os primeiros a abandoná-lo ao primeiro sinal de inundação. Quem está "por cima" vê enxameada a sua volta uma porção de "amigos" gentis, prestativos, sorridentes e generosos em elogios e tapinhas nas costas.

Quando das situações de perda de prestígio, esvaziamento de funções e fortes rumores de uma demissão a qualquer momento, abandonam o pobre-coitado como as abelhas fazem, após sugarem todo o néctar de um pomar.

É preciso muito cuidado na escolha dos amigos dentro de uma empresa, assim como na vida pessoal, dimensão da existência em que é possível até escolher quem aceitar como amigo sem, contudo, afastar de vez o risco de decepções. No universo empresarial, o cuidado é o divisor entre a ingenuidade e a conduta adulta. Nada de esquizofrenias, mas já diziam nossos avós que "cautela, água benta e canja de galinha não fazem mal a ninguém".

Quem quer sobreviver nas empresas deve ter o máximo cuidado ao eleger os amigos, já que nada pode fazer quanto aos inimigos. Estes últimos surgirão mais cedo ou mais tarde e não é preciso fazer nada para "ganhá-los"; eles virão, conspirarão e provocarão estragos em muitas fases da carreira da pessoa. Já a escolha dos amigos, ainda uma hipótese viável, merece ser cuidada com muita atenção e senso crítico. Eis alguns procedimentos que, mesmo não definitivos, servem como referencial (o resto é com você e o seu anjo da guarda!):

- não tenha pressa. Deixe o tempo correr e, com ele, dê uma chance para o amadurecimento das pretensas amizades;
- aceite a aproximação das pessoas que vibram na mesma faixa que a sua, no que diz respeito a valores morais e profissionais. Neste caso, em nome do princípio "os semelhantes se atraem", haverá uma boa oportunidade para uma efetiva sintonia;
- confie na sua intuição. Se após algum tempo de convívio com uma pessoa você ainda sente uma espécie de "freio interno", pode ser a intuição em estado de alerta, procurando ajudá-lo a defender-se;
- valorize-se e aos seus sentimentos. Deixe que o "candidato" a sua amizade conquiste o privilégio de tê-lo como amigo. Preste atenção nas atitudes desta pessoa e como o seu comportamento é coerente com as suas verbalizações;
- seja generoso, sem distinções preconceituosas, nem privilegiar apenas aqueles "do seu nível". Há pessoas idôneas em todos os cantos das empresas. Não despreze os menos favorecidos da estrutura. No meio destes, sempre estarão pessoas que podem lhe oferecer uma amizade sincera, certamente aspirando muito menos em troca do que você possa imaginar;
- seletividade, uma circunstância inevitável. Ainda que pareça um tanto perturbador, ser seletivo na formação de círculos de relacionamentos é um dado da realidade nas empresas. Há nelas pessoas notáveis, que encantam a todos com sua nobreza; há os indiferentes, que parecem não "registrar" qualquer tentativa de aproximação; e – é uma pena – há pessoas que por alguma razão brigaram com a humanidade e, por isso, são de convívio difícil; finalmente, há aquelas pessoas que quanto mais longe melhor!

Reservas de combustível para céus turbulentos

Sobreviver também significa fazer reservas de gorduras para enfrentar os rigores do inverno, como fazem os grandes ursos polares, e os peixes, nas semanas que antecedem a piracema (viagem rio acima para desova). Isto quer dizer que estar pronto para eventualidade é necessário. Por eventualidade entenda-se, no escopo deste livro, um desemprego súbito, muitas vezes estendendo-se por longos meses de aflições.

Durante o ano de 1992, tempos "bicudos" para os executivos, em meio a mais uma recessão econômica para tentar matar o monstro da inflação, estudos de especialistas que acompanhavam o mercado de trabalho davam conta que o prazo para recolocação de bons profissionais esteve muito próximo de 12 meses.

Isto quer dizer que as reservas para enfrentar o "inverno" terrível de um desemprego devem ser construídas prevendo-se a hipótese de "a primavera demorar a chegar". Em todo planejamento sério, é normal trabalhar-se com as hipóteses otimistas e pessimistas, naturalmente que com uma grande torcida para que se confirmem as expectativas otimistas. Assim deve ser com uma pessoa que quer sobreviver nas empresas e, por que não dizer, às empresas.

Como ninguém sabe com certeza o tempo em que ficará em disponibilidade no mercado de trabalho, por mais rico que seja o currículo profissional, recomenda-se extremo cuidado na gestão financeira durante todo o tempo em que estiver a pessoa devidamente empregada. As reservas financeiras acumuladas por uma gestão prudente no transcorrer do tempo podem dar à pessoa a mais importante condição para enfrentar o período de desemprego: tranqüilidade psicológica no tocante aos aspectos básicos da sua sobrevivência e de sua família, se for o caso.

O indivíduo, muito pressionado pela necessidade de vir a se reempregar a curtíssimo prazo, perde competitividade, vez que "passa" para o interlocutor, nas torturantes entrevistas, uma sensação de insegurança que poderá depor contra ele. Compreensível do ponto de vista humano, este estado de ansiedade poucas vezes é "descontado" pelos entrevistadores, nem sempre preparados para conduzir corretamente uma entrevista de seleção de pessoal (especialmente se nunca passaram por situação semelhante).

Para sobreviver a um desligamento e não se deixar abater, a pessoa deve ter em mente que tudo depende do seu estado emocional e da sua perspicácia no autêntico "jogo de gato e rato" em que se constitui um processo seletivo nas boas empresas. A pressão do tempo é forte demais. Como, pois, reduzi-la? Há alternativas concretas? A resposta é sim. Veja como, ponderando sobre os seguintes procedimentos:

- Administre suas finanças de forma a manter a sua "liquidez" no curto prazo, ou seja, de maneira que seus débitos de curto prazo sejam mínimos.

- Providencie seu fundo de garantia particular, apostando em investimentos bem diversificados uma parte do seu salário nunca inferior a 20%. Se puder economizar um pouco mais, melhor para você. Este "fundo de garantia" deve ser uma conta cuja obrigatoriedade de manutenção é sagrada. Nada de "queimá-lo" numa bela viagem, ou adquirindo algo de que possa prescindir. Existem formas de poupança "forçada", como os sistemas programados oferecidos pelos bancos e pelas demais instituições financeiras.

- Diversifique os seus investimentos, variando-os nos mercados de risco e de renda fixa. Lembre-se de que não se deve guardar todos os ovos em uma só cesta, como dizem os mais conceituados analistas financeiros.

- Não comprometa o seu FGTS (Fundo de Garantia por Tempo de Serviço). Tenha-o como uma reserva para contingências imprevisíveis e deixe-o quietinho na sua conta vinculada, rendendo o que faz jus. Muitas pessoas apressam-se em sacá-lo, quase sempre para amortizar débitos da casa própria, o que se justifica, mas colocam em risco a capacidade de sobreviver em tempos turbulentos. Pondere sobre isso.

- Procure deixar pelo menos um período de férias por gozar a seu crédito na empresa. Pela legislação trabalhista ninguém pode acumular dois períodos de férias anuais sem a sua efetiva liquidação. Há implicações outras sobre liquidação de férias que merecem ser estudadas, mas que não impedem que você deixe pelo menos um período de férias, que entra nas verbas indenizatórias no momento de uma rescisão de contrato de trabalho. A importância em dinheiro de um período de férias equivale a pouco mais de um salário, o qual, bem administrada, pode assegurar bons 45 dias de cobertura para as despesas mínimas de sobrevivência. Dois períodos, então, são bem melhores para "sua cabeça".

- Não gaste a primeira parcela do seu décimo-terceiro salário ou as eventuais gratificações a que tiver direito, como os bônus e as participações nos resultados. Economize-as ou utilize-as para liquidar débitos, preferencialmente aqueles atrelados à correção monetária. Caso não tenha estes débitos – feliz é você! –, faça as aplicações financeiras, administre-as e, assim, aumente a sua "camada de gordura" para enfrentar o inverno.

- Contenha a febre consumista! Faça como aquele chiste sobre o trabalho, que se vê em muitos estabelecimentos comerciais: "Quando sinto vontade de trabalhar, fico deitado quietinho, até a vontade passar". Engraçado, não é? Pois, então, quando sentir aquela coceirazinha no bolso, indicando uma vontade danada de sair por aí comprando e comprando, pare, pense e decida se a vontade de comprar pode ser adiada um pouquinho.

- Finalmente, um parâmetro para as suas decisões de gestão do seu dinheiro: trabalhe com a hipótese pessimista, no tocante ao prazo de recolocação. Se o tempo médio de recolocação em sua área de especialização for de três meses, faça as suas reservas para agüentar o dobro.

Se recolocar-se antes, ótimo! Compre uma garrafa de um bom champanhe e comemore à tripa forra! Depois, vá comprar um pouco daquilo de que se absteve, como recompensa por sua sensatez, mas não gaste tudo! Recomece tudo novamente, sempre se preparando para o que der e vier.

Nada de burocracias e de papelório! Acredite nisso... e agüente firme!

Vamos a um pouquinho de cinismo: você acredita que "a palavra vale mais do que qualquer coisa"? Em caso positivo, ou você é um idealista ferrenho ou nunca passou pela constrangedora (para dizer o mínimo) situação de ver-se "na mão", sem um documento que prove sua lisura. Não são poucas as experiências negativas de pessoas que não dispunham de um único documento para sustentar sua boa-fé, diante de um diretor parecendo um ogro da ficção infantil, com aquele olhão vermelho e babando-se em fúria, reclamando para aplacá-lo... sob o silêncio do verdadeiro causador do problema.

Burocracia e papelório são tormentos para qualquer pessoa. Mas isto não significa que uma decisão envolvendo riscos e ônus para a empresa não seja devidamente documentada. Um dia, vem a auditoria com o seu olho de microscópio de varredura eletrônica e localiza exatamente aquele pagamento efetuado a terceiros, sem a devida chancela de alguém autorizado a fazê-lo. E lá vai você ter de buscar na memória o dia, a hora, o local, as palavras e a entonação (incluindo os sustenidos e os bemóis) da liberação feita verbalmente por seu chefe ou algo que o valha.

Se não for dar problema, pode ser que este alguém confirme a liberação e você se safe de mais uma. Caso contrário, o problema senta-se no seu colo e sussurra no seu ouvido: e agora? Você pode suar frio e desmanchar-se em súplicas, mas seguramente o infeliz do chefe ou do tal autorizador quedar-se-á calado, deixando que você pague as penas, sobretudo aquelas que vêm da credulidade ingênua.

Você não deve fazer como aquele sujeito (sem exageros) que fazia cópias de tudo que assinava e autorizava e que fazia a mando de terceiros, guardando, zelosamente, nos arquivos de sua casa. Isto já é doentio, embora a pessoa em questão não estivesse inteiramente desprovida de razão.

Você não precisa dizer um "bom-dia" e exigir a resposta em três vias, na mesma proporção que não deve tratar de assuntos importantes sem a devida documentação. Solicite a famosa CI (comunicação interna) sempre que julgar procedente. Será procedente desde que envolva compromissos para a empresa e utilização dos seus recursos. Se a pessoa a quem fizer esta solicitação mostrar-se "indignada", reitere a sua solicitação, ainda polidamente, justificando-a como "procedimento de rotina" e "proteção mútua".

Diga mais, como, por exemplo, "Olha, eu vou precisar de uma formalização para isso, porque quero prevenir algum mal-entendido mais tarde e, além disso, devo cumprir com os meus deveres". Passe por "chato", "exigente", "desconfiado", mas não corra o risco de ter de provar mais tarde que não foi você quem disparou o fuzil que vitimou o ex-presidente J. F. Kennedy.

Sempre que posso, e é oportuna a discussão deste assunto em seminários gerenciais, lembro aos participantes a situação de "O Processo" (Franz Kafka), fazendo as relações de alguns dos seus trechos com a kafkiana realidade empresarial. Recomendo, nestas ocasiões, em caso de uma recusa no fornecimento da solicitação ou autorização na forma documental, que a pessoa envolva outras áreas ou, pelo menos, relate o fato por escrito, anexando este documento aos demais papéis que fazem parte do assunto.

Recomendo mais ainda: se a pessoa a quem solicita o documento formal mantiver a recusa em fornecê-lo, aí mesmo é que pode ter "dente de coelho". Corra o risco de arranjar um inimigo, mas não deixe a sua reputação exposta.

Trabalhando em empresas familiares... mas nem tanto!

As empresas familiares são maioria no enorme elenco de empresas que existem no Brasil. Muitas delas de grande porte, profissionalizadas e saudáveis contrapõem-se a outras que lutam bravamente para sobreviver em meio às tempestades regularmente despejadas pelas autoridades governamentais na economia, porém muito prejudicadas por sua cultura administrativa não amadurecida. De fato, há muitas empresas familiares que não conseguem uma evolução mais segura face aos problemas que são provocados pela "mistura de freqüência" entre as necessidades de gestão empresarial e os conflitos entre os membros da família que detêm o controle da empresa.

Notadamente nos últimos 30 anos, os especialistas em administração e sucessão nas empresas familiares trabalham arduamente para convencer seus titulares a adotarem um modelo de gestão profissionalizado, esbarrando na dificuldade maior: uma empresa não pode ser dirigida por vetores genéticos, muito menos por decisões tomadas na mesa da sala de jantar, entre um desentendimento familiar e outro. Mas, ainda há muitas empresas com este perfil e refratárias a qualquer modelo de gestão, insistindo em manter a informalidade e o improviso como ferramentas administrativas, logrando algum êxito (bons lucros) e deixando todos satisfeitos. E *la nave va*!

Não cabe discutir o perfil das empresas familiares, porquanto o escopo deste livro não tem esta proposta, deixando este assunto para os especialistas. Cabe, sim, mostrar como sobreviver nestas empresas, para aqueles que nela trabalham sem pertencer à "aristocracia" dos seus dirigentes-proprietários. Ou, pelo menos, tentar sobreviver, porque não é exatamente fácil este desafio.

Nas empresas familiares profissionalizadas, não há dificuldades para sobreviver que sejam diferentes dos demais tipos de empresa; o problema está naquele tipo de empresas familiares... Mas nem tanto! Como é o perfil das empresas familiares, nas quais o clima não é para "famílias de fino trato"? Eis os principais traços desta confusa personalidade:

- todos (da família) berram, mandam, esbarram entre si e levam seus empregados ao desespero, por causa do tenebroso clima que se instala na empresa;
- as relações funcionais e a hierarquia são um intricado mistério, uma rota parecida com o túnel dos horrores dos parques de diversão, mexendo forte com a adrenalina dos empregados que contemplam decisões e rumos para o seu trabalho;
- as explosões nos relacionamentos interfamiliares, como vulcões imprevisíveis, repercutem na ambiência da empresa e invadem os departamentos e setores como a lava vomitada pelos vulcões, queimando os incautos que são surpreendidos no seu caminho. Não há distinção entre laços genéticos e relações funcionais;
- detalhes perturbadores dos conflitos familiares são postos a público, contaminando o funcionamento da empresa e aturdindo seus empregados, que acabam não sabendo para onde correr e finalizam em conflitos paralelos, dignos de um filme de comédia pastelão, quando não de horror explícito;
- respeito pelas pessoas é mercadoria escassa neste tipo de empresa. Em muitas, quem não faz parte da família é tratado como um ser inferior, um reles escravo com alguns direitos trabalhistas, que deve obediência aos membros do clã, e de quem se exige comportamento de vassalagem da Idade Média ou das fazendas de café do Brasil do século XIX.

Não é incomum o emprego de palavrões e insultos nas reuniões "gerenciais" destas empresas, levando o nível dos relacionamentos a muito próximo do esgoto, uma tortura para as demais pessoas que apenas querem trabalhar e garantir a sobrevivência.

O quadro, nos seus aspectos periféricos, "publicáveis", é este. Infelizmente para quem é contratado por estas empresas, parece um resgate do débito cármico. Mas, enquanto Fernando Pessoa, em seu poema "Navegar é preciso" diz que "navegar é preciso, viver não é preciso" para quem depende de emprego a história é outra: "sobreviver é preciso, suportar é o caminho". Isto dito, eis algumas sugestões para enfrentar esta situação difícil e aumentar a probabilidade de sobrevivência nestas empresas enquanto não aparece oportunidade melhor:

- não se envolva! Passe ao largo dos dramas familiares e procure manter uma posição de não-comprometimento. Seja qual for o resultado final das pendengas, seguramente a sua cabeça será servida em salva de prata, só porque alguém tem de "pagar o pato". Nunca um membro da família será penalizado;
- boca fechada e olho aberto! Não emita opinião sobre os membros do clã. Se tiver de ouvi-las, faça-o de forma que a sua opinião fique guardada para você, lá no "saquinho de coisas que ainda vou dizer", que todos nós temos sempre renovado em seu conteúdo;
- faça o seu trabalho. Isto significa: cumpra com suas obrigações enquanto um profissional e procure deixar bem claro para todos que você tem o seu valor expresso na sua capacidade de trabalho e nos resultados que este propicia para a empresa;
- tenha paciência igual à de Jó: como o personagem bíblico, a sua paciência e serenidade para conviver com desígnios superiores são recursos vitais para proteger a sua posição e "anestesiar" os efeitos negativos da convivência com pessoas confusas;
- esgotadas as instâncias anteriores e sua paciência, resta o remédio definitivo: procure outro emprego e boa sorte na próxima!

Cara de bobo e ar de idiota: a maquilagem de um predador!

Título esquisito, não? Ou terá sido um erro de montagem na gráfica, confundindo-se com um romance de terror ou com um fascículo de uma coleção "Animais Silvestres"? Nada disso! O título é dos mais oportunos de toda a obra, se me desculpa o leitor pela falta de modéstia. Procura nomear, identificar ou pelo menos dar alguma característica própria para uma habilidade extraordinária do pretendente a sobrevivente no jogo-desafio das empresas.

Trata-se de evitar atrair a atenção dos competidores pelo mesmo cargo e daquelas pessoas que sempre estão à espreita, vigilantes como o falcão, esperando que alguém se destaque para – VUPT! – fincar-lhe as garras no pescoço e pôr este ousado fora de combate. De fato, existem nas empresas um e outro tipo de pessoas e que constituem uma séria ameaça para aqueles que almejam os melhores cargos e as promoções mais deliciosas.

A competição nas empresas não é regida por regras claras e justas. Nas empresas que se jactam por estimular uma competição sadia (hummm...) entre os seus gerentes e profissionais pode estar havendo ou uma figura de retórica, mero discurso que impressiona uma platéia de seminários, ou um desavisado repórter de revistas de negócios, ou uma tentativa de "tapar o sol com uma peneira". Onde há competição há ranger de dentes e saliva elástica no canto da boca e pouca piedade; é o que se chama, genericamente, de "pegar pra capar".

Então, o que justifica não estar atento? Por que ficar na linha de tiro gratuitamente? Idealismo? Reedição do Cavaleiro da Triste Figura? Ora, a verdade é que não há espaços nas empresas para sonhadores e cavaleiros andantes. Você precisa pensar a respeito, se quiser garantir as suas chances. Nada de pavonear-se ou de exibir-se como um pavão que abriu sua plumagem de calda pela primeira vez. Não provoque as ciumeiras das outras pessoas. É preferível ter um ar meio "desligado" e sugerir até algum desprezo pelas "coisas boas da empresa"... enquanto atua diligentemente na sua conquista. É isso mesmo: disfarçar, para não atrair a atenção e mergulhar fundo na ação de conquista, preferencialmente fazendo-o na forma que mais "ibope" dá nas empresas: apresentando resultados.

O ar de idiota sugerido no título não é para ser levado ao extremo, porque você pode correr o risco de ser visto como... um idiota. É a tática do despistamento, manobra de diluição da atenção do inimigo, enquanto você reagrupa as suas forças e redimensiona a sua linha de ataque. Como no futebol, onde um time guarda as suas táticas e jogadas mortíferas para os momentos em que o adversário está dominando o jogo e com sua defesa aberta, doidinha para levar uma porção de belos gols! Nestes momentos, uma súbita e veloz jogada de contra-ataque surpreende o adversário e o pobre do goleiro, ainda "frio" por não ter participado ativamente do jogo, e tome gol!

A recomendação deste capítulo, para quem quer sobreviver na empresa, é simples (e decente, creia!): disfarce, não conte para ninguém os seus planos e, sobretudo, os detalhes daquele projeto em que você aposta que produzirá excelentes resultados para a empresa. Lucros! Economia! Redução de despesas e de custos! Incremento da qualidade e da produtividade! Mostre-os apenas quando imprescindível a sua ação e quando os primeiros bons resultados começarem a aparecer. Nunca fale o que vai fazer: faça! Mesmo que esta estratégia lhe custe alguns meses de ostracismo, esquecido em sua sala, o saldo será positivo e você ganhará bastante com isso (os norte-americanos chamam a isso de *low profile*).

É boa política procurar não despertar muito a atenção, exatamente para não provocar oposições no momento errado. Já que a oposição é inevitável, que tal ter que enfrentá-la quando solidamente instalado no poder, gozando as graças dos "homi", felizes com os resultados que o seu trabalho produziu?

Os políticos profissionais são especialistas na arte de se fingir de morto, para ressurgirem radiantes nos momentos certos das batalhas pelos votos e pelas nomeações para os cargos que darão votos mais tarde. Acompanhe a trajetória dos mais conhecidos e verificará o quanto são hábeis neste particular, e aprenda com eles (só isso; o resto é dispensável).

E agora? Seu chefe está caindo feito fruta podre!

Certamente, você já ouviu dizer que "araruta também tem o seu dia de mingau", não? Pois é, o chefe tem os seus dias negros, quando lhe escapa o apoio e chega o momento de experimentar a derrocada lenta ou acelerada, mas ainda assim difícil de ser suportada e muito mais de ser aceita. Não importam os motivos; pode ser que ele tenha "cavado" esta situação por conta da incompetência pura e simples, ou que tenha sido envolvido em alguma das inúmeras manobras políticas miúdas das empresas. De qualquer forma, é um fato concreto: está em fase de perda de prestígio e de convite para "arrumar as gavetas" e começar a levar os pertences pessoais para casa.

Nestas situações, muita gente comete um erro crasso: virar as costas para o desprestigiado e quase desgraçado chefe, quando não dá um empurrãozinho para acelerar a queda. Você pode até se regozijar intimamente ao saber que está próximo o fim do reinado (dele), mas não deve manifestar este sentimento de forma pública.

Onde está o erro? Se não for você o seu substituto imediato, com seguras garantias de que o espaço vazio no organograma será ornamentado com as suas iniciais, não é elegante, prudente, "politicamente correto" e decente sair pelos corredores da empresa bradando a sua satisfação. Isto, por duas razões:

- a primeira diz respeito à preservação de sua imagem como colaborador na equipe, em caso de vir a ser preterido por outra pessoa para o cargo em vacância. Esta pessoa deverá ficar muito preocupada com você, com muitas dúvidas sobre se deve ou não confiar em você. Se a sua imagem sugere a de um "derrubador de chefias", esteja certo de que este novo chefe deverá atormentá-lo e persegui-lo até afastá-lo da empresa ou certificar-se de que "o diabo não é tão feio, como o pintam". Acautele-se!;

- a segunda se refere à possibilidade de vir a ter que encarar o seu ex-chefe em outra empresa, uma hipótese que não deve ser descartada. Os que a ignoraram, tiveram que engolir em seco ao assumir uma nova posição em outra empresa e surpreender-se com a augusta figura do ex-chefe, respondendo por um cargo da maior importância. Se a memória do dito for mais curta, tanto melhor; porém, se o tempo ainda não tiver apagado a sua imagem de um traidor na antiga empresa de ambos, você está "frito"!

Lembre-se: nunca se devem fechar portas, mesmo aquelas sobre as quais não temos certeza se estarão abertas ou não no futuro. É preciso contar sempre com a possibilidade de "estar por cima", então toque adiante o seu desejo de aceleramento da derrubada do chefe e, quando vier a reencontrá-lo, dê vazas aos seus sentimentos de vingança e atormente-lhe a vida, mas há o outro lado a ser considerado. Há a questão de ordem moral e ética: se o moço está "na marca do pênalti", por que aproveitar a sua fragilidade para apedrejá-lo? Como ficam os valores humanos? Não têm vez nas organizações? Têm sim! Nada de sentimentos menores e de mesquinharias, porque isto não leva a nada. Se não puder fazer nada para ajudar o infeliz chefe a agarrar-se a uma chance de "dar a volta por cima", não lhe retire o que restar de apoio e solidariedade.

A crônica das empresas também pode ser escrita sobre as muitas voltas que a vida e os relacionamentos profissionais dão, com muitas surpresas desagradáveis para as pessoas que têm apenas a visão de curtíssimo prazo e que, portanto, desprezam as possibilidades de uma eventual inversão de papéis. Ademais, há de se preservar os valores essenciais da espécie humana: para sobreviver não é forçoso e inexorável fazê-lo à custa do sofrimento de terceiros. Lamentavelmente, muitos não pensam desta forma, agindo como hienas famintas que se satisfazem com restos, mas que terão que experimentar a mesma situação um dia, estando na condição de "restos" em uma empresa.

Alguém está "aprontando" alguma e você sabe quem é. O que fazer?

Para ficar mais claro: o alvo é você!

Alguém está articulando uma situação para colocá-lo em dificuldades, quem sabe para afastá-lo do cargo ou para, no mínimo, colocar sua reputação em dúvida. Não é preciso que se discuta se esta pessoa tem suas razões, se são legítimas ou não, enfim, se o que está planejando é uma espécie de vingança contra você. Se você "aprontou" alguma e a vítima está em posição de dar o troco, o assunto fica um pouco mais grave, na proporção dos sentimentos que esta pessoa tenha por você; se vier a ser algo de grave, certamente é melhor que você se cuide e espere contratempos no futuro.

De qualquer forma, temos um fato concreto: alguém está conspirando contra você e isto basta para que "coloque as barbas de molho" e escolha entre deixar que os acontecimentos fluam naturalmente ou agir no sentido de neutralizar a conspiração. É melhor agir. É uma temeridade não fazer nada, a não ser que você não esteja dando a mínima importância. Neste caso, suspenda aqui a leitura deste capítulo e siga adiante.

Entretanto, se estiver se sentindo incomodado pela situação que está sendo armada sobre sua cabeça, imponha a adoção de uma medida estratégica, uma jogada de caráter finamente político, como sua defesa. Alguns podem optar pelo confronto direto, o que é assunto que merece uma reflexão: confronto direto só quando estiver em situação de desespero (o "tudo ou nada").

Se você prefere, contudo, a ação política para enfrentar o opositor, eis aqui um artifício:

- divulgue para o maior número possível de pessoas influentes o que está sendo urdido por seu inimigo, cuidando para que você apareça como uma pobre vítima e que tudo isso se configure como um prejuízo para a empresa.

Interessante, não? Em vez de colidir com o seu opositor, você transfere a corda do seu pescoço para o dele, apenas apelando para a carga emocional que o papel de "vítima" enseja no cenário organizacional, ao tempo em que procura "fazer a cabeça" das pessoas para a "irresponsabilidade deste sujeito que, para atingi-lo, não hesita em provocar prejuízos... para a empresa! É o fim da picada! Onde é que estamos!".

É uma jogada política, não exatamente limpa como a alma dos beatos, mas uma defesa formidável... para uma teia suja! O que você estará fazendo é desviar a atenção dos problemas que o seu oponente venha a estar trazendo para você e reforçá-la para o "mau-caratismo" e "falta de profissionalismo" deste seu inimigo. Você deve falar sobre o assunto com as pessoas que gozam de prestígio e de boa reputação na empresa, de forma a que sejam sutilmente atraídas para a sua causa, sempre destacando que a sua maior preocupação é com a empresa, e não com você mesmo!

Fazer o papel de vítima nas empresas requer uma boa dose de dramaticidade da sua parte. É preciso "colorir" os seus argumentos com expressões que indiquem para quem o ouve o seu estado de indignação com as atitudes que o seu inimigo está tomando. Também se faz mister que você deixe "escapar" alguma "tristeza" e, com isso, mexa com as pessoas, provocando-lhes a piedade e a indignação com a injustiça de que está sendo vítima. Você não precisa pedir ostensivamente o apoio de ninguém; ele virá, desde que seja capaz de se mostrar como vítima indefesa e de destacar que o custo maior da injustiça que está sendo cometida será suportado pela empresa, o que não lhe parece justo.

Aja desta forma, política e ardilosa, e terá praticamente assegurada uma forte muralha à sua volta, protegendo-o contra os desmandos daquele sujeito execrável!

Alguém ofereceu uma "comissãozinha" para favorecê-lo na empresa. Deve aceitá-la?

Este assunto provoca discussões desnecessárias, vez que receber qualquer tipo de gratificação, mascarada sob a forma que for, para favorecer um fornecedor, prestador de serviços ou mesmo um credor da empresa, constitui-se ato ilícito, porque é desprovido de qualquer amparo ético e legal. Certa vez, conduzindo um curso sobre técnicas e táticas de negociação, ouvi de um participante que "não achava ilegal receber uma propina de um fornecedor, desde que tenha obtido um ganho para a empresa". Ele não gostou nada – e castigou-me na avaliação de final de curso – quando repliquei com o argumento de que o valor relativo à propina deveria ser incorporado ao ganho da empresa, aumentando-o, o que era mais decente e profissional.

Quem recebe propina para facilitar um negócio – exceção daqueles que o fazem por dever de ofício, como os corretores, os promotores de negócios, vendedores e outras ocupações legalmente constituídas e sustentadas – deriva para o perigoso campo da corrupção, nele variando da forma mais branda (presentinhos e pequenas importâncias em dinheiro) para a forma virulenta, na qual é muito comum a prática de negociatas, que "cheiram" mal e que devem ser articuladas à sombra dos acordos que não podem vir a público.

A tal da "transparência", um termo muito em voga nos dias atuais, se é que alguém sabe exatamente o que venha a ser conceitual e operacionalmente, é o que menos se encontra nestes "negócios". Ao receber uma "comissãozinha" para favorecer alguém na empresa, a pessoa assume dois graves riscos, desprezando as questões de consciência e auto-estima que me parecem óbvias demais para que sejam discutidas neste livro: o risco de corromper e ser corrompida e o deveras provável risco de vir a ser chantageada. Vamos analisá-los para chegar à conclusão de que não vale a pena corrê-los.

- Risco de corromper e ser corrompido: melhor dizendo, qualquer pessoa que recebe uma vantagem no exercício de sua função, e que não esteja suficientemente prevista e acordada de maneira formal, é objetivo ativo e passivo de corrupção e, portanto, corrupta. Dado o primeiro passo nesse sentido, é como o primeiro beijo: é muito, mas muito difícil parar. A tendência, induzida pelo dinheiro fácil, é levar a pessoa a buscá-lo sempre mais, não importando os aspectos éticos e morais, posto que a sua autocrítica passa a ser silenciada pelo ganho imediatista, secundado pelo efeito sinérgico dos prazeres que este ganho propicia. Não se trata, aqui, de uma visão típica de uma moral vitoriana; a questão é, na sua essência, pragmática e muito em torno da realidade objetiva: o que não pode ser feito às claras é, no mínimo, algo à margem da legalidade. Por outro lado, o argumento de que "todos agem assim", para tentar justificar a prática deste ilícito, além de ser uma perigosíssima generalização, descamba para o grotesco (já que "todos" sonegam impostos, que tal fazer o mesmo?). Sabe-se que há muitos mais que até podem contestar a legitimidade dos impostos e a forma como são aplicados na sociedade, mas fazem o seu recolhimento aos cofres públicos com a regularidade regimentar. Finalizando este arrazoado, é bom lembrar que a pessoa que recebe a tal "comissãozinha" fatalmente procurará meios outros de continuar recebendo-a, ainda que venha a ser necessário o uso de mecanismos outros, nos quais ela passa a ser o agente corruptor.

- Risco de ser chantageado: até parece coisa de cinema: o pobre coitado que recebe um dinheirinho ridículo, estertorando-se, mais tarde, nas impiedosas mãos do seu "generoso amigo", até que surge por entre as sombras da noite a figura do impoluto e destemido defensor dos oprimidos e enganados de maneira geral, resgatando-o e atirando o meliante nas masmorras. Entretanto, apenas parece: na realidade, a primeira incursão no reino da "grana fácil" é uma viagem sem volta, porque a pessoa, além de se viciar, corre o gravíssimo risco de vir a ficar indefesa e exposta à possibilidade de ser chantageada por aquele que a iniciou no "esquema" (é este o nome que dão). A chantagem é uma prisão sem barras, porque não tem paredes. Nela, ou a pessoa se submete passivamente ou parte para a solução do desespero, denunciando os fatos e pagando todos os custos que daí advirão. Enquanto submissa, é uma peça no jogo ardiloso do chantagista, manipulada como melhor convenha para este, até ser um dia descartada, restando muito pouco da sua dignidade original, o que é de se lamentar mesmo na ficção do cinema e dos romances que tanto vendem atualmente.

A recomendação que se pode fazer àquele que quer sobreviver na empresa e na carreira é simples: não aceite qualquer forma de envolvimento nos ardis das "comissõezinhas", para não ser por eles tragado e machucado. É importante também destacar que todos aqueles que pagam e/ou recebem as tais "comissõezinhas" devem ter em mente a sua ilegalidade e o que isto implica para uma pessoa.

Entretanto, se a opção vier a ser favorável a ganhar uma boa "grana", participando dos "esquemas", procure contar com uma extraordinária dose de sorte, para não vir a amargar um arrependimento inútil.

Promessas para o futuro: quando aceitá-las?

Direto ao ponto: nunca! É isso mesmo, por mais estranho que pareça, considerando-se que estamos enfocando a sobrevivência e a carreira profissional. Aliás, hoje em dia nem mocinha ingênua (se é que existem alguns espécimes desta "raça" em extinção) aceita promessas de casamento para ceder aos encantos do apressado namorado, não é mesmo? Promessa, só vale mesmo a de compra e venda (documento preliminar das transações imobiliárias, em especial). Em face desta realidade, recomenda-se que se pondere muito a respeito das promessas de promoção e aproveitamento no futuro, que são disparadas sem qualquer critério dentro de uma empresa.

A experiência das empresas e seu cotidiano mostram que um gerente que possua o poder concreto de promover, dar aumentos salariais e as transferências para os melhores postos jamais apela para promessas. Na verdade, ele negocia claramente com seu colaborador, apontando para a possibilidade de alguma melhoria na proporção exata do desempenho e das contribuições para a empresa.

Ademais, uma organização realmente séria e equilibrada nas suas políticas de gestão de Recursos Humanos não faz promessas, mas sim administra um plano de carreiras, no qual o indivíduo pode situar a sua carreira e as suas possibilidades de crescimento pessoal e profissional. Nestas organizações, as promessas soam como maldições e depõem contra quem as profere, porque nelas alcançou-se um estágio de visível maturidade e senso de responsabilidade no trato das questões que envolvem as pessoas, suas carreiras e seus planos de vida, e com estes valores não há amadorismos. São boas empresas, caminhos interessantes e motivadores para os bons profissionais.

Se estiver diante de um superior hierárquico, sorridente e generoso no desdobrar de promessas sedutoras, convém despejar-lhe ao peito a questão: "Você garante o que está prometendo? Podemos, pois, documentar o que acaba de dizer?". Ele não vai gostar desta colocação, interpretando-a como um desafio ou uma indisciplina, mas é bem melhor que ele não goste e fique zangado, do que você se deixar levar por este "canto de sereia" e depois dar de cara com os arrecifes, despedaçando-lhe o casco e levando-o a pique.

Outra constatação é que não são poucas as pessoas que hesitaram no aproveitamento de boas oportunidades fora da empresa porque deram ouvidos às promessas e, depois, amargaram a fraca memória de um chefe pouco preocupado com coisas "sem importância", como manter a palavra.

Avalie a sua empresa e estude o que sabe a respeito de promessas não cumpridas. Vale a pena continuar acreditando nela? O que é mais importante: a sua permanência nesta empresa ou sua carreira? O que lhe parece mais consistente: o nebuloso de uma promessa dentro de uma empresa de "memória curta" ou as oportunidades e os riscos de enfrentar uma nova empresa e nela conduzir o seu projeto de carreira e de vida – o quê, você não tem um projeto como este? Nunca pensou nisto?

O tempo é curto, muito curto, e as oportunidades são escorregadias e requerem que sejam seguras por mãos ágeis e firmes. Não perca as boas oportunidades por causa de promessas vazias. Duvide de quem faz estas promessas, mesmo que não possa fazê-lo de maneira um pouco mais ostensiva. Aja com sabedoria e zelo por sua carreira, se dela depende para lastrear os seus planos íntimos de realização pessoal e profissional.

Creia: não vale a pena acreditar em quem faz promessas dentro das empresas; é melhor acompanhar quem assume compromissos com você e lhe "passa" uma sensação de idoneidade e de retidão. Há riscos, é certo, mas muito menores do que aqueles inerentes ao perfil dos chefes que se comprazem em fazer promessas que sabem que não vão cumprir.

Mais uma recomendação: admita, de vez, que não é prudente acreditar em quem faz promessas nas empresas. Geralmente, a promessa é um recurso mesquinho, para "segurar" um bom colaborador, pouco importando se o não cumprimento virá prejudicá-lo ou não.

Ouvido hipertrofiado: um recurso para a sobrevivência

"Ouvido hipertrofiado" é, segundo Millôr Fernandes, em uma das suas geniais charges, "aquele capaz de pegar até interurbano". É claro que é uma forma de expressão, querendo sugerir aquele tipo de ouvinte que está sempre atento para os mais fracos sinais à sua volta, na caça de informações relevantes. Sabe-se que as informações realmente confidenciais não transitam publicamente, à disposição de qualquer um, a despeito do que pensam algumas empresas que consideram como confidenciais os salários dos seus executivos, matéria de domínio geral (pelo menos do garoto da copiadora).

É preciso estar atento para as informações que vazam aqui e ali nas conversas, nas reuniões e nos documentos que migram de um setor para outro. Algumas são as bobagens de sempre, embora com certo charme e pompa; outras, é bom acompanhar o seu desdobramento, porque podem ser muito úteis para a pessoa interessada em garantir a sua sobrevivência na empresa. Captando uma informação aqui, uma confidência mais adiante e lendo um relatório com atenção, é possível compor um mosaico de dados consistentes, que podem indicar tendências interessantes e que motivem algum tipo de medida preventiva ou ação mais concreta.

Vejamos alguns exemplos elucidativos do valor de um "ouvido hipertrofiado":

- informações que indiquem o estado de saúde de um empreendimento. Pode ser que mostrem ser a hora de retornar aqueles antigos contatos no mercado de trabalho e de "cair fora";
- informações que possam sugerir quem está com a "cabeça a prêmio" e, se vier a ser o seu chefe o infeliz em questão, quem sabe não é hora de você tomar uma dose reforçada de "chá preventol"?;

- informações que possam se juntar às demais que você domina, e que sirvam para elaborar melhor a sua matriz de decisão a respeito da sua continuidade ou não na empresa.

O que importa é que a arte da sobrevivência exige o crescimento em "habilidades" não-ortodoxas, como a de estar atento até para as informações que ainda não saíram das salas dos poderosos. Fazer parte de uma rede de pessoas bem informadas dentro da empresa é muito valioso para o indivíduo que quer sobreviver. Não há nada de reprovável neste procedimento; afinal, você não está invadindo a privacidade de ninguém, muito menos subtraindo algo que não lhe pertence. Com o "ouvido hipertrofiado" você está apenas "ligado" no que estiver no ar e alimentando as suas baterias analíticas... para salvaguardar os seus mais legítimos interesses. Portanto, olho aberto e antenas ligadas!

Alguém está lesando a empresa e, o que é pior, você sabe quem é! O que fazer?

Se você tiver dúvidas a respeito, não sabe como agir para ser mais claro, está com sua capacidade de sobreviver seriamente afetada. Uma das mais sólidas provas de lealdade, tão reclamada e nem sempre praticada, é a proteção dos seus interesses contra os "corsários" internos e externos.

A empresa quer que seu patrimônio e haveres sejam zelosamente protegidos e, para isto, monta sofisticados processos de controle e aciona a auditoria periodicamente. Além disto, há a burocracia e a vigilância que cada pessoa exerce sobre a outra, como alternativas para proteger a organização da cobiça da meia dúzia de ladrões que sempre estão rondando o "ouro", com olhos atentos e capazes de identificar e explorar a menor falha no sistema para apropriar-se do que pertence à empresa.

Entretanto, por mais sofisticado e complexo que seja o sistema preventivo de roubos e outras formas de obtenção ilícita, há sempre uma oportunidade para que alguém possa lesar a empresa, desde os pequenos furtos de clipes, canetas e blocos de rascunho, até os desfalques mais portentosos.

Rouba-se à larga, especialmente quando na empresa vicejam os desonestos e os pequenos ladrões de ninharias, mesmo que o seu número seja reduzido. Há, também, outras formas de se lesar a empresa, algumas já aceitas como "coisas normais", a exemplo do uso dos recursos materiais da própria para "ganhar algum por fora", o que não invalida o seu princípio ilegal.

Sabendo disso, não são poucas as pessoas de todos os escalões que procuram se aproveitar das falhas do sistema de controle e do perfil liberal das empresas, para estar aqui e ali subtraindo um pedacinho dos haveres, muitas chegando próximo ao vício e outras formando verdadeiras quadrilhas de meliantes. As que se viciam são as pessoas que, tendo ganho algum dinheiro através da prática ilegal, derivam para repeti-la freqüentemente, até o ponto de não mais poder prescindir das importâncias auferidas com os roubos.

E as quadrilhas? São fruto da fantasia deste "tresloucado" escriba? Por certo que não. Em muitas empresas, há quadrilhas diluídas em todo os seus níveis hierárquicos, como volta e meia se vê nos jornais, urdindo e praticando as formas de roubá-la, apelando para os mais avançados recursos de planejamento, organização e controle... da operação ilegal! E o que tem você a ver com isto?

Falando-se em sobrevivência, é sempre bom estar atento para a possibilidade de vir a ser envolvido gratuitamente nos atos ilícitos e acabar "entrando numa fria". Cuide-se e afaste-se dos salteadores que possa identificar, protegendo-se contra um envolvimento nas suas ações. Depois, é uma questão, também, de escolha: se você sabe quem é ou quem são os meliantes, deve ou não denunciá-los? Recomenda a prudência que você esteja atento principalmente para os seus deveres de ordem ética: proteger a empresa e seus interesses em primeiro lugar e estar suficientemente fundamentado em provas concretas antes de fazer qualquer tipo de denúncia.

Ao fazê-lo, você correrá o risco de colidir frontalmente com gente muito mais poderosa do que você, um instante em que até as estrelas situadas nas bordas do universo hão de parar de piscar, acometidas por terrível suspense: o que vai acontecer agora? O "mocinho" sobreviverá? Os bandidos vão cortá-lo em pedaços e servir um banquete para os urubus? Ou será que o "mocinho" erguer-se-á do combate em triunfo, trazendo à cinta as gotejantes cabeças dos outrora poderosos, reduzidos agora a míseros pedaços de defunto? Só falta um locutor de voz cavernosa dizendo em *off*: "Aguarde e assista ao próximo capítulo deste emocionante embate entre as forças do Bem e as enlouquecidas hordas do Mal!" Como nos seriados que nos alimentaram a fantasia na doce infância (precocemente ida, não?), o final é previsível: um dia, o Bem triunfará e varrerá da Terra as moléculas do Mal, deitando-as para lá do outro lado do Universo, e haverá paz e harmonia, regozijando-se o Homem.

Mesmo que você tenha que, em nome da ética, colocar a cabeça na guilhotina, e fazer cócegas no braço do carrasco, faça-o. Denuncie a quem de direito o que puder provar no momento em que descobrir que alguém está desavergonhadamente roubando a empresa. E, ao fazê-lo, deve agir com rapidez, segurança e, se necessário, provocando um terremoto na empresa. Para diminuir a chance de uma retaliação por parte do poderoso a quem denunciou, "fazer barulho" é o melhor caminho, assim ensinam os estrategistas. Chamando a atenção para a denúncia, é muito mais provável que evite ser engolfado pela sede de vingança do poderoso ladrão, ou quem venha a ser usado como "bode expiatório".

Sobreviver nas empresas nos obriga a muitos atos de desespero, como uma alucinada carga de cavalaria na qual se apostam a vida e a vitória. Assim é que nas empresas o que mais se faz são opções: neste caso, calar, aderir ou denunciar? A opção não será difícil na proporção em que a pessoa dispuser em seu rol de valores morais um denso e claro capítulo versando sobre noção de deveres e ética.

Você precisa sobreviver, é certo, mas cabe a pergunta: sobreviver significa locupletar-se? Afinal, você quer sobreviver na empresa em que venha a estar empregado ou na carreira? Você tem "estômago" para digerir e suportar uma consciência comprometida com a omissão diante dos seus deveres maiores? Perguntas difíceis, respostas fáceis: o pecado da omissão é mais grave do que o da ação ilícita.

Perigo! Perigo! Apareceu a questão sexual no seu cotidiano!

As empresas procuram deixar claro para os seus empregados que eles devem deixar os seus problemas "na portaria" e começar o trabalho com a mente nele concentrada, permanecendo assim até o último minuto da jornada. Isto soa estranho, porque as pessoas não são computadores, para os quais basta mudar o *software* e uma nova "memória" e "personalidade" diferentes são instaladas, levando a que a máquina venha a se comportar sob novos parâmetros.

Retomando-se o foco da realidade, vemos que não é o que acontece com as pessoas: elas carregam para todo lado as memórias e as preocupações, e são por elas afetadas em intensidade variada, mas sempre afetadas. Esta história de "deixar os problemas na portaria" deve ter sido inventada por um empresário de mentalidade tacanha ou por um chefe de Pessoal que ainda não conseguiu se safar da "Idade Média" da filosofia de gestão de Recursos Humanos. As proporções desta insanidade são preocupantes: conheço uma empresa que chegou a proibir por escrito a "atração sexual entre os funcionários" (*sic*), ameaçando penalizá-lo rigorosamente, caso viessem a ceder aos "baixos instintos" (*sic*).

Se já é difícil dominar as tensões e as preocupações com os dramas pessoais, imagine o quanto é penoso enfrentar os momentos em que o coração dispara a 160 batidas por minuto, a boca fica seca, tonteiras e elevação rápida de temperatura assaltam o corpo e um súbito calor explode na face, "tirando-nos do sério", quando nos deparamos com uma pessoa que corresponde, com larga vantagem, às nossas fantasias e fetiches eróticos! E há aquelas que são capazes de injetar hectolitros de adrenalina no sangue até de um asceta!

E ainda há um problema a ser considerado. As empresas podem desejar a proibição de relacionamentos íntimos entre seus empregados, uma absoluta e risível perda de tempo, mas estes não podem "misturar freqüência": comportamento íntimo e organizacional são dinâmicas incompatíveis.

Não cabe discutir a legitimidade do assédio sexual por parte de um gerente sobre seu subordinado. Isto é imoral, indigno e de uma baixeza indescritível. E é contra a lei! Se o gerente de uma empresa carrega frustrações e desvios de conduta sexual, que resolva seus problemas na forma como lhe convier, desde que não atinja a dignidade de outras pessoas que têm na empresa apenas uma alternativa – nem sempre a melhor – para sobreviver. Cabe, neste capítulo, chamar a atenção para dois problemas relativos à sobrevivência e que gravitam em torno da questão sexual: resistir às pressões dos "sedutores organizacionais" e evitar estar na linha de tiro daqueles que usam o sexo como arma para garantir seus postos.

Relativamente às pressões exercidas pelos tais "sedutores", sem dramatizar a questão, resta àquela pessoa que tenta sobreviver nas empresas o recurso de fingir ignorar o assédio ou, em caso de extrema necessidade, denunciá-lo aos seus superiores, contando com que estes saibam como tratar adequadamente este problema. Falhando as alternativas anteriores, resta a possibilidade do uso de uma reclamação trabalhista, desde que possam ser devidamente arroladas as provas materiais e testemunhais, o que é muito difícil. Poucas pessoas dispor-se-iam a depor em juízo contra seus chefes para proteger um colega que tenha sido assediado sexualmente. Como todos querem também sobreviver, e o desprendimento não vem a ser um valor moral dos mais freqüentes na realidade organizacional, complica-se a defesa da vítima (sem exagero).

Apesar dos problemas, ceder, jamais! Não há emprego, por melhor que seja, que valha o abandono da dignidade para poder mantê-lo. Então, o que fazer? Inicialmente, tentar conversar com o barato "Dom Juan", ou o seu equivalente no âmbito feminino, para procurar remover da sua doentia cabeça a hipótese de satisfazer os delírios que nela povoam. Ninguém pode ser culpado por se sentir atraído sexualmente por outra pessoa, vez que se trata de um fenômeno natural e que não pode ser contido por regulamentos, mesmo que do tipo monástico. O que não se pode admitir é que as demais pessoas venham a ser envolvidas e que devam ceder, porque ninguém é mercadoria à disposição em uma prateleira.

Por outro lado, qualquer tipo de chantagem é condenável e deve ser corajosamente enfrentada e, neste caso, configura-se uma forma das menos brandas de chantagem. Resumindo: resistir, opor-se e lutar pela preservação da dignidade, ainda que isto venha a custar o emprego. O problema da sobrevivência será transferido para outra empresa, mas você levará na saída, absolutamente incólume, o seu valor maior: a dignidade.

Em termos da sobrevivência nas empresas, quando surge a questão sexual, há um procedimento dos mais valiosos: jamais entrar na linha de tiro da concubina do seu chefe, valendo o semelhante no caso do chefe do sexo feminino. Caso desconheça, não subestime o valor de um pedido do tipo "manda o fulano embora, meu bem!", entre os lençóis e os "uis" e "ais" das refregas amorosas. Aliás, nem é preciso que o pedido seja colocado; basta que o ardoroso amante interessado no seu afastamento da empresa venha a sugerir que não o aprecia. Serão favas contadas: mais dia menos dia, eis a sua cabeça cortada! É muito bom estar atento e evitar a colisão frontal com o(a) parceiro(a) amoroso(a) do(a) seu(sua) chefe.

Falhando as medidas de proteção até aqui expostas e se o choque é inevitável e você estiver disposto a correr todos os riscos, não hesite em apelar para os recursos mais à mão. Um deles, de efeito devastador, é a divulgação do "caso" em todos os âmbitos da empresa. Não é preciso que você faça este "servicinho" pessoalmente; basta que comente o fato com aquelas duas ou três pessoas de sempre, tidas e havidas como "língua de trapo", e deixar que elas propaguem aos sete ventos o que está acontecendo. É até bem provável que o "caso" chegue aos ouvidos do cônjuge de um e de outro, o que costuma resultar em uma grande confusão, à qual você pode assistir, enquanto "torce" com fé "corintiana" pelo desenlace maior: um ou outro, ou ambos, virem a ser colocados para fora da empresa.

Defenda-se! Proteja seu emprego quando do enfrentamento deste tipo de ameaça, resguardando-se e à sua dignidade, e apelando para contra-ataques fortes, se for preciso. Tudo será válido, porque nem sempre se pode agir com fidalguia em situações pautadas pela falta da mesma. Como em uma guerra – qualquer que seja, é suja –, se tiver de apelar para medidas corajosas no caso de vir a ser vítima de uma trama tecida entre os lençóis de motéis, defenda-se com o que dispuser, mas guarde o princípio maior: ceder jamais! A ninguém pode ser cobrado o uso do seu corpo como uma mercadoria de troca!

O trecho a seguir, que circula na Internet desde março ou abril de 2006, é muito útil para a compreensão sobre outro dos grandes males que afetam a saúde das pessoas e das organizações: o assédio moral.

Considerado um terror psicológico, assédio moral gera cada vez mais pedidos de indenização.

"A vítima escolhida é isolada do grupo sem explicações, passando a ser hostilizada, ridicularizada, inferiorizada, culpabilizada e desacreditada diante dos pares. Estes, por medo do desemprego e da vergonha de serem também humilhados, associado ao estímulo constante à competitividade, rompem os laços afetivos com a vítima e, freqüentemente, reproduzem e reatualizam ações e atos do agressor no ambiente de trabalho, instaurando o 'pacto da tolerância e do silêncio' no coletivo, enquanto a vítima vai gradativamente se desestabilizando e perdendo sua auto-estima."
(www.assediomoral.org)

O texto acima reproduz uma situação cada dia mais comum no âmbito da Justiça do Trabalho: o assédio moral. Os legisladores têm procurado reprimir os maus chefes e ao mesmo tempo dar amparo legal aos trabalhadores para buscarem o ressarcimento dos danos causados por essa prática. Tramitam hoje no País mais de 80 projetos-de-lei visando a regular a situação. Em inúmeros municípios, isso já ocorreu. Em São Paulo, a Lei 13.288/2002, destinada aos servidores municipais, conceituou assédio moral como "todo tipo de ação, gesto ou palavra que atinja, pela repetição, a auto-estima e a segurança de um indivíduo, fazendo-o duvidar de si e de sua competência, implicando dano ao ambiente de trabalho, à evolução da carreira profissional ou à estabilidade do vínculo empregatício do funcionário".

Inúmeros pedidos de indenização por danos morais chegam todos os dias às Varas do Trabalho da 10ª Região. Muitos, no entanto, não se enquadram no assédio moral. Para esclarecer o tema, entrevistamos a juíza Márcia Mazoni Cúrcio Ribeiro.

TRT10 Jornal – Dra. Márcia, quando a senhora considera caracterizado o dano moral? Existe entendimento pacificado sobre o assunto na 10ª Região?

Juíza Márcia – Assédio significa "submeter sem trégua a pequenos ataques repetidos, portanto um ato que só adquire significado pela insistência, visando a atingir a estima da pessoa. O termo moral, por sua vez, quer dizer o que é ou não aceitável na sociedade, havendo uma valoração de acordo com o contexto social. O assédio moral trata-se de um mal, muitas das vezes, discreto e, até mesmo, silencioso, causador de gravíssimas conseqüências para suas vítimas, não só psicológicas, mas também físicas. Por isso, a enorme necessidade de não o ignorar, e sim enfrentá-lo, objetivando tornar o tipo de conduta que deflagra esse mal socialmente inaceitável.

Trata-se de um terror psicológico, o qual tem o poder de agrupar uma miríade de comportamentos, todos contendo dois elementos em comum: a modalidade, agressiva e vexatória, que, como regra, prolonga-se no tempo, e a finalidade, isto é, a exclusão de um ou mais empregados. Via de regra, o assédio moral que dá azo ao pagamento de indenização é aquele gerado por comunicações não éticas geralmente entre um superior perverso e seu subalterno, caracterizando-se pela repetição de comportamentos hostis, técnicas de desestabilização e maquinações contra um trabalhador que desenvolve, como reação, graves problemas psicológicos duradouros. Dependendo da gravidade, a vítima pode ser levada à incapacidade ou até mesmo à morte – casos extremos, claro.

Há que se ressaltar que o assédio moral pode derivar da hierarquia, ou seja, dos chefes em relação aos empregados, definido como assédio vertical, dos próprios colegas de trabalho (assédio horizontal) e até, surpreendentemente, de empregados que visam a humilhar os chefes (assédio ascendente).

No assédio vertical, o chefe usa sua posição de supremacia com o objetivo de humilhar a vítima e intimidá-la. Esse é o mais comum. No caso do assédio horizontal, um grupo, sentindo-se incomodado pela divergência de pensamento ou distinto nível cultural de um colega, visa ao afastamento deste, por considerá-lo diferente.

No assédio sofrido pelos chefes e empregadores (assédio ascendente), mais raro de ocorrer, alguns empregados podem utilizar-se de informações ou segredos que sabem de seus superiores para chantageá-los, e assim assediá-los moralmente. Isso ocorre quando da chegada de um novo chefe que não conta com a simpatia do grupo.

O assédio moral pode ser caracterizado, portanto, como um conflito que tem por objetivo manipular, desestabilizar o trabalhador por meio de atos vários que visam a ferir a sua honra, como isolar a vítima do grupo, impedi-la de se expressar, ridicularização, menosprezo, culpabilização, ironias e estigmatização. Muitas vezes tais atos não são praticados de forma aberta, pois este tipo de violência permitiria que a vítima se defendesse. As agressões podem ser sutis, de maneira que o trabalhador não perceba, de pronto, o que está motivando a perseguição. Há uma grande dificuldade em se provar uma agressão que seja discreta.

Quanto às características a serem analisadas e importância do tema, o assunto é pacificado no Tribunal Regional do Trabalho da 10ª Região. Decisões divergem, porém, pois são analisados em cada processo casos concretos, trazendo alguns deles situações que revelam os comportamentos acima descritos.

TRT10 Jornal – Como podemos distinguir o assédio moral do simples poder diretivo do empregador?

Juíza Márcia – O assédio moral, como já colocado, é um abuso e não pode ser confundido com decisões legítimas, que dizem respeito à organização do trabalho, por exemplo as transferências e mudanças de função, estipuladas no contrato de trabalho. Muitos desses contratos trazem cláusulas que contêm metas a serem atingidas, mantendo uma pressão constante sobre os empregados, sejam quais forem as conseqüências sobre sua saúde. No momento de abordar o problema das imposições profissionais, é preciso ter consciência de que pessoas pouco motivadas por seu trabalho sentem-se assediadas sempre que alguém as adverte na tentativa de estimulá-las.

Há, ainda, as posições vitimárias e as falsas alegações de assédio moral. Não há como negar que algumas pessoas se acomodam no papel de vítima e não procuram encontrar uma saída para a situação crítica. Permitem eximir-se das responsabilidades nos momentos de dificuldade ou fazem com que os outros tenham compaixão de si quando praticam erros.

Existem, ainda, aqueles denominados paranóicos, os quais encontram o argumento ideal de base para seu sentimento de perseguição.

Muitos atos oriundos das relações trabalhistas deterioradas pela égide do lucro máximo deflagram variadas formas de opressão aos trabalhadores, debilitando-os física e psicologicamente. No entanto, não obstante elementos comuns, que às vezes servem até como ferramenta dentro do processo de assédio, tais atos, quando analisados isoladamente, não podem ser configurados como assédio moral. A sua correta conceituação evita que se deturpe essa expressão e, por conseguinte, a banalização de um mal que ocasiona problemas muito mais graves do que aqueles simplesmente oriundos da competição capitalista.

Há várias questões que, apesar de danosas, não infligem àqueles que sofrem as gravíssimas conseqüências advindas do assédio moral. É certo que muitas dessas situações podem perfeitamente evoluir de tal forma que venha a se configurar como assédio, entretanto, analisadas isoladamente, não se confundem. Entre elas, temos o estresse profissional advindo de exigências impostas a um determinado empregado, ou a vários, por um chefe que, por exemplo, embora reconheça que o está submetendo a alta carga de pressão, acha que esta se justificaria pela igual ou maior exigência que lhe cobram seus superiores. Isso não pode ser considerado assédio moral. O estresse pode ser fruto das atuais relações de trabalho, regidas pela competitividade crescente entre as empresas, que acarretam uma gestão voltada para a eficiência de resultados, de melhor desempenho ao menor custo. No entanto, conseqüências danosas à saúde somente decorrem de situações que acabam saindo do controle, de imprevistos em relação ao planejado.

Também as decisões estratégicas da organização que objetivam uma vantagem competitiva perante seus concorrentes não podem ser consideradas assédio moral. Assim, transferências, mudanças de função, criação de novos setores, desde que de acordo com os contratos de trabalho, não implicam assédio.

TRT10 Jornal – A CLT, desde 1943, prevê a resilição contratual por falta grave do empregador, quando este tratar seus subordinados com rigor excessivo (artigo 843). Portanto, o uso distorcido da hierarquia e da autoridade nas relações de trabalho não é novo. A que a senhora atribui esta nova reação dos trabalhadores na luta por sua dignidade, ao buscarem a indenização para a má conduta do empresário?

Juíza Márcia – O assédio moral é um tema que, felizmente, vem-se destacando cada vez mais nos dias atuais. Felizmente, pois sempre existiu, desde o início das relações trabalhistas, embora só recentemente tenha recebido o reconhecimento merecido. Somente agora está havendo interesse para o estudo de atos perversos praticados nas relações laborais. Há uma conscientização crescente de que não se pode mais tolerar ofensas que maculem a dignidade do trabalhador.

A importância e o lado positivo do debate sobre assédio moral são estes: ter-se encontrado um nome e uma definição que agrupam uma série de fenômenos comportamentais que qualquer pessoa que tenha experimentado a vida em uma empresa moderna deve ter notado com certa preocupação. A ausência de conceito sobre o tema impedia a identificação do fenômeno em sua real dimensão.

Há que se ressaltar, ainda, que, com a modernização das atividades econômicas, as relações trabalhistas se estabeleceram cada vez mais. Surgem novos postos de trabalho e se fortalecem as empresas. Dessa forma, o assédio moral se integrou ao mundo, devido à necessidade de aumentar a produtividade, à concorrência e a cortes de despesas.

Não obstante a legislação trabalhista oferecer proteções contra o assédio moral, como se vê do artigo 483 da Consolidação das Leis do Trabalho, parece que maior força detém o regramento não positivado do capitalismo atual, marcado pelo desemprego, pela exclusão social, pela competição exacerbada, que se resumem em gradativa precarização do trabalho. A rescisão indireta do contrato por parte de quem é vítima de terror psicológico lhe dá direito de postular a extinção do contrato de trabalho, com pagamento de verbas decorrentes da rescisão imotivada. Trata-se, portanto, da percepção de uma indenização irrisória, como a multa correspondente a 40% dos depósitos do FGTS, o que, por óbvio, não é suficiente para se sobrepor às "leis do mercado", tornando-a praticamente inócua para coibir a ocorrência de situações de assédio moral.

Dessa forma, vale salientar que se inicia uma tendência jurisprudencial de reconhecer, além da indenização baseada na legislação trabalhista, a indenização por danos morais prevista na legislação civil.

Fonte: Tribunal Regional Trabalhista 10ª Região Brasília

Como conviver com a corte da empresa

Se você não fizer parte da "corte" dos poderosos da empresa, é preciso saber conviver com seus membros, para não ser prejudicado ou por eles molestado. A tal "corte" é composta pelos satélites dos astros maiores, pessoas eleitas como de sua confiança e que gozam do acesso imediato às salas onde reside o poder da empresa. Não convém a colisão com estas pessoas, porque geralmente são muito influentes e nem sempre exatamente éticas.

O cortesão costuma ser uma praga mais virulenta e danosa do que o todo-poderoso a quem serve e assiste: geralmente é arrogante, pretensioso e vaidoso, muito mais do que o mais narcisista dos seres que já tenham assim suposto a sua refulgente beleza. E são pessoas de difícil trato os membros da corte! Gostam de ser bajulados e temidos e, volta e meia, procuram dar mostras dos seus poderes, exercendo-o sobre as cabeças de infelizes "escolhidos": eis mais uma vítima da arbitrariedade organizacional.

E o que fazer para, pelo menos, suportá-los e evitar que possam afetar a sua sobrevivência? Há opções para todos os gostos. Uma delas, talvez a mais usual, é cortejá-los com pequenos agrados e alimentar a sua fantasia de poder e prestígio. Eles não resistem aos pequenos agrados e se desmancham de prazer quando reconhecidos na categoria dos "especiais" dentro da empresa.

Um presentinho aqui, um pedido de orientação e apoio ali, mais umas gotinhas de elogios e de admiração, e está pronto o caldo em que os cortesãos mergulham sua incontrolável vaidade. Eles olharão para você com doces olhos, derramando-se em esforços para corresponder à sua admiração e para comprovar que você está certo em reconhecê-los como poderosos. Enquanto isso, não o molestarão!

Outra forma para conviver com esta fauna é agir com total neutralidade, se lhe custar muito a opção contida no parágrafo anterior. O que é neutralidade neste caso? Simples: trata-se de, ao mesmo tempo em que não se coloca frontalmente contra os membros da corte, procurar manter-se afastado deles, pouco recorrendo aos seus favores. Geralmente, os cortesões são tão obtusos que não conseguem enxergar a neutralidade de uns e outros dentro da empresa, preferindo assestar as suas baterias contra aqueles que constituem ameaça ou que duvidam dos seus poderes. E isto lhes custa tanto tempo e esforço, que deverão deixá-lo em paz (ao que optou pela neutralidade).

É uma estratégia dissimulativa, mas de eficiência assegurada. Lembre-se de que estamos tratando de sobrevivência! Não estamos discutindo as formas e alternativas de reforma social e cultural das organizações, mesmo que possamos fazer algo neste sentido.

Uma alternativa para convivência com a corte é procurar achar uma brecha para dela fazer parte e ocupar rapidamente o espaço, passando a agir como mais um iniciado. Os membros mais antigos da corte aceitam rapidamente aqueles que conseguem a "unção" dos iniciados, vez que não são temerários ao ponto de tentar "melar" uma cerimônia de sagração de um novo cavaleiro! Se lhe convier e lhe sobrar energia emocional para tanto, não hesite em abrir caminhos até ser reconhecido como parte do time e trate de aproveitar o máximo que puder desta oportunidade privilegiada.

É uma forma de sobreviver, não necessariamente condenável, mas que certamente vai exigir muito da sua capacidade de violar alguns princípios comportamentais. Desde que isto lhe traga benefícios, o que fazer, não?

De qualquer forma, a corte é uma realidade em todas as empresas. Em algumas, é apenas um dado folclórico, porém inofensivo; em outras, chega a ser um caldeirão de conspirações, entrechocar de vaidades e brigas comezinhas, ocasionando graves danos na ambiência da empresa, o que não importa para os poderosos. Estes gostam e precisam de uma corte, para que possam também dar vazas à sua vaidade e dispor de mão-de-obra fiel para o "trabalho sujo". É uma troca de favores, legitimada por regras impostas pelos poderosos, e que se constitui em um desafio gigantesco para os que querem apenas sobreviver nas empresas e dar seguimento à sua carreira profissional.

A opção pela alternativa de conduta para conviver com a corte é, como de resto, um processo consciente de balanceamento entre as necessidades e possibilidades, contrapostas aos valores pessoais e morais. Não há uma regra definitiva. Há, isto sim, um componente da realidade: sobreviver!

O que fazer quando as coisas não vão bem na empresa?

As pessoas hesitam, assustadas, diante dos problemas que afligem as empresas, especialmente quando os negócios não vão indo bem e as tensões crescem pelos corredores. Ao menor sinal de "infiltração", no até então seguro "casco" da empresa, detonam-se as emoções de medo e angústia e, perturbadas, as pessoas nem sempre sabem como agir.

Você pode fazer um grande esforço e lograr êxito na tentativa de estancar a infiltração e, aí sim, seu nome será lembrado como o grande herói que salvou a empresa e sobre sua cabeça deverão pousar os louros da oliveira plantada pelo mitológico Hércules. Se a empresa em que você trabalha não for daquelas que gostam de crucificar os seus salvadores, pode contar com uma longa permanência e, quem sabe, uma bela carreira e uma cadeira no Olimpo. É uma possibilidade. Aposte na referida, se valer a pena.

Outra opção é "deixar rolar", para utilizar uma expressão muito em voga nos dias de hoje. Neste caso, você nada ganhará, a não ser uma estranha e incompreensível satisfação pessoal, do tipo "ver o circo pegar fogo". Se a sua preocupação não for a de sobreviver, procure um bom lugar, nele coloque uma confortável cadeira e delicie-se com o espetáculo. Você nada ganhará, até perderá o emprego, mas terá o que contar na próxima *happy hour* de que participar com seus amigos de copo.

Sair da empresa, antes que a água atinja a casa de máquinas, pode vir a ser uma boa medida ligada ao esforço de sobreviver. Se não valer a pena qualquer sacrifício pela empresa, situação provocada por ela mesma nas suas múltiplas arbitrariedades e ingratidões, não hesite em procurar águas mais tranqüilas e um barco de casco mais sólido. Atento para o que acontece com a empresa, o indivíduo pode evitar os dissabores das surpresas desagradáveis e construir seus caminhos alternativos com tempo para pensar e escolher outras paragens.

Lembre-se, sempre, de que a sobrevivência pode ser na empresa ou na carreira. Se houver espaço na empresa, é nela que deve ser tentada a sobrevivência, acrescido do fato de ser necessária uma ponderação a respeito dos potenciais que ela possa oferecer. Caso contrário, o ideal é cuidar da própria carreira e "fazer a pista" enquanto há ventos favoráveis. Muita gente lamenta-se de ter apostado na sobrevivência da empresa, visando a garantir a sua, e só falta rasgar as vestes e cobrir a cabeça com cinzas, em lamento profundo pela infeliz decisão. Certamente, avaliaram mal os fatos e escolheram o único caminho que apontava para o desastre final. Outras respiram aliviadas, devidamente empregadas em outras organizações quando ouvem o estrondo da queda dos últimos pilares da sua ex-empresa, uma vez constatada a sua inviabilidade.

Avalie o tamanho do rombo no casco e sua resistência, pese as suas possibilidades de contribuir para evitar o naufrágio, mas mantenha a sua proa assestada para terra firme. É a síntese da recomendação para este tipo de problema.

Quando a mediocridade é o padrão de excelência gerencial da empresa

Segundo Flaubert, o homem medíocre "é o que pensa baixamente... é uma sombra projetada dos que o rodeiam... é imitativo e perfeitamente adaptado para viver em rebanho, aceitando preconceitos e dogmatismos úteis para a sua curta inteligência". Do seu pensamento podemos extrair algo para a nossa compreensão a respeito do que se passa com muitas empresas: a mediocridade gerencial como traço dominante da sua cultura.

De fato, não é mesmo muito difícil identificar o grande número de gerentes que pensam e agem de maneira reduzida, limitados aos seus dogmatismos e preconceitos de menor expressão, empobrecendo a cultura da empresa e levando a que a mediocridade nela instalada venha a ser o parâmetro de excelência. Pensar de maneira reduzida significa sujeitar-se à burocracia e à repetição sistemática de hábitos corroídos pelo tempo e desgastados por sua inutilidade para enfrentar todas as exigências da moderna administração.

E assim é que muitos gerentes atuam, porque lhes faltam o necessário embasamento cognitivo e a disposição para adaptar-se aos novos tempos, resistindo entrincheirados no seu castelo de rotinas e de fórmulas gerenciais há muito sepultadas pelas empresas que já estão mergulhadas até o fundo no século XXI.

Pobre de quem, pressionado por manter o emprego, e que, por isso, é obrigado a conviver com este tipo de cultura! A mediocridade gerencial é o mais nocivo agente de destruição de valores progressistas, e responsável pela negação dos valores e talentos daqueles que cuidaram em se preparar e se dispuseram a mudar sempre para melhor, no vácuo dos desafios da modernidade.

A organização gerencialmente medíocre admira o utilitarismo egoísta, imediatista e míope, centrada na manutenção do que julga certo, mesmo que se depare com sinais que evidenciem que algo precisa ser feito em direção às pressões externas, ditadas pelo mercado, pela concorrência e pelos avanços tecnológicos. Mas ela insiste em manter-se atrelada aos seus valores, recusando-se a admitir a necessidade de um questionamento destes valores e de uma cirurgia radical nos seus padrões de conduta. Quem nelas trabalha ou é um medíocre por extensão natural ou uma vítima de um processo de empobrecimento do talento, por absoluta falta do seu exercício.

Neste caso, para aquele que quer sobreviver e evoluir profissionalmente, restam duas saídas, ambas penosas e que consomem grandes doses de energia para que sejam acionadas a contento: sair da empresa ou aproveitar-se da mediocridade nela reinante e abrir espaços para conquistar posições de destaque.

Sair de uma empresa medíocre, para a pessoa que é refratária à mediocridade, não é um ato de covardia. Pelo contrário, significa uma atitude que faz notar, com limpidez, que aí está a situação clássica do indivíduo que se protege contra a contaminação da medíocre. Na prática, significa uma atitude corajosa e que deve ser louvada: retirar-se do pântano da mediocridade para não ser engolfado pelos seus vapores e miasmas. Se for este o seu caso, caro leitor, parabéns, você agiu com sabedoria e certamente será beneficiado por esta atitude.

Aproveitar-se da mediocridade de um ambiente organizacional para nele fazer carreira pode ser uma estratégia brilhante, desde que seja possível não só opor-se à mediocridade, mas combatê-la e derrubá-la com golpes precisos. Mudar uma empresa gerencialmente medíocre é uma tarefa para super-heróis gerenciais, e estes são poucos hoje em dia. Missão possível, que requer lances cinematográficos e uma inspiração das maiores. Por outro lado, está a hipótese regida pelo ditado popular: "Em terra de cego, quem tem um olho é rei".

Melhor dizendo, a pessoa que for capaz de aproveitar a mediocridade da sua empresa para "fazer a pista" e nela decolar para postos mais altos deverá contar com sérios desafios e com sua capacidade pessoal de resistir e de manter-se em pé, a propósito do intenso bombardeio de que será alvo. Mas deve contar com uma força poderosa a seu favor: a incapacidade de os gerentes medíocres entenderem o que realmente querem, ganhando com isso tempo e fôlego para viabilizar algumas transformações importantes, preferencialmente centradas em resultados concretos, e obter a adesão de alguns que não tenham sido irremediavelmente contaminados pelo vírus da mediocridade.

Como relatado, esta pode até ser uma interessante estratégia de sobrevivência, fascinante em sua textura, repleta de riscos em todos os momentos, mas, ainda assim, potencialmente capaz de produzir o bom resultado esperado: alguém lá no topo da hierarquia perceberá que o que está-se passando é uma vantagem para a empresa, que os seus resultados operacionais serão positivos. A lógica aponta para a possibilidade de apoio e permissão para tocar adiante o processo de renovação. Os medíocres deverão gritar, espernear, sabotar o máximo que puderem, mas até nisso serão medíocres, pois suas armas terão efeito reduzido e sua mais poderosa artilharia fará o estrago de uma bombinha de festa junina.

Se a mediocridade for o parâmetro da excelência gerencial da sua empresa, saia dela ou aproveite para mostrar o seu "brilho" e ganhar melhores posições. De qualquer forma, estará sobrevivendo à mediocridade, e isto já é o bastante!

Alguns sinais que indicam que você está prestes a perder o emprego

O autor lamenta ter de escrever este capítulo, mas que fazer? Até mesmo nas mais belas páginas da poesia há os momentos em que a dor deve ser incluída, para fazer contraponto à beleza e ao amor e valorizá-los pelo belíssimo efeito dos contrastes dialéticos. Bem lá no fundo, o autor gostaria de "cair o pando da obra" descrevendo uma fórmula, que se debruce sobre os sintomas de perda de emprego para ir reunindo os ingredientes de uma alternativa para a sobrevivência. É duro sobreviver nas empresas...

Muitas vezes, acontece de a pessoa chegar na empresa em uma manhã de segunda-feira, após um delicioso fim-de-semana, e ser surpreendida por um sinto-muito-você-está-despedido. É terrível, mas faz parte da crônica organizacional e nada pode ser feito, a não ser digerir a angústia e partir para outra, começando do zero. Entretanto, a pessoa que quer sobreviver a tudo, mantendo a continuidade normal da sua carreira, deve doutrinar-se para a dureza da sobrevivência nos terrenos minados das empresas. Esta doutrinação compreende uma composição delicada entre trabalhar com afinco e voltado para resultados e estar atento a todos os sinais que cruzam a atmosfera interna e externa da empresa. Assim procedendo, a pessoa dificilmente será surpreendida pela nefasta segunda-feira (ou sexta-feira, como de hábito). Ela poderá antecipar-se e tecer uma nova e mais resistente teia para caminhar rumo aos seus desígnios.

Costumeiramente, os sinais que indicam que a pessoa está em sério risco de perda do emprego são os seguintes:
- os resultados operacionais da empresa em queda-livre, rumo ao ponto em que são detonados os programas de redução de custos e montada a guilhotina para cortar as cabeças;

- a intensificação da ação da concorrência, com notáveis ganhos de espaço na divisão do "bolo" do mercado, resultando inúteis as "geniais" medidas perpetradas pela Diretoria a respeito da contenção do avanço da concorrência;
- a diminuição progressiva do volume de compras por parte do rol de clientes da empresa, a par de informações seguras que indicam a retração na clientela e a perda do seu fôlego (é um indicador dos mais preciosos a dificuldade por que passa a clientela da empresa. Olho nela!);
- o crescente endividamento da empresa junto aos bancos e o comprometimento com capital de terceiros, o que pode ser um indicador de exaustão do capital de giro próprio. O endividamento pode ser uma brilhante estratégia de gestão e, a par disso, você deve estar atento para não confundir o endividamento para cobrir os "rombos" do caixa, sem o lastro de recursos realizáveis em curto prazo;
- o cancelamento dos programas de investimentos, sobretudo no que tange aos projetos prioritários e que são decisivos para a expansão da empresa. Neste caso, lembre-se: nenhuma empresa adia ou suspende os investimentos prioritários se não tiver um forte motivo para tanto. Cautela! Cautela!;
- aumento súbito das reuniões da cúpula, seguidas por muita movimentação interna e solicitações de levantamentos de custos. Se os que delas participam trazem em seus rostos as expressões de graves preocupações, é chegado o momento de você também "colocar as barbas de molho";
- a suspensão das férias dos principais executivos da empresa e o aumento da jornada de trabalho destes mesmos cavalheiros e damas, principalmente se alguns destes sempre se notabilizaram por aparecer de vez em quando na empresa, só para saber como iam as coisas e dar um displicente visto nos relatórios gerenciais;
- o crescimento da dificuldade em conseguir um tempo para os despachos de rotina com seu chefe, este sempre nas salas dos figurões, quase que carregando todo o arquivo da área debaixo do braço e de lá retornando com o cinzento predominando nas cores do rosto. Se normalmente já é difícil um espaço na agenda do chefe para atender aos pobres mortais que a eles se reportam, nas situações em que se armam as tempestades este espaço simplesmente não existe;

- seu nome riscado da lista de distribuição dos relatórios, documentos de rotina e até das revistas e jornais que a empresa normalmente assina. Neste caso, pode atualizar o seu currículo e mandar escovar a fatiota de procurar emprego, porque ambos serão utilizados no curtíssimo prazo;
- seu nome ser "esquecido" na convocação para as reuniões de rotina. Mau sinal! Aí tem coisa! Cautela! Cautela!;
- seu chefe respondendo suas perguntas com evasivas e com visível constrangimento naquelas ocasiões em que você está apresentando um novo plano de trabalho, todo entusiasmado e confiante nos bons resultados;
- não mais ser convidado para as tertúlias alcoólicas de fim de expediente e, quando nelas aparecer subitamente, notar um clima mais gélido do que o das garrafas de cerveja. Péssimo sinal! Há algo se aproximando do seu pescoço!;
- uma mudança, para pior é claro, no comportamento da secretária do seu chefe em relação a você. Antes amistosa e atenciosa, ela passa a tratá-lo com frieza e com certa dose de agressividade. Geralmente, as secretárias "sabem das coisas" muito antes que sejam de domínio da "vassalagem" do poderoso chefão.
- sinais de rebeldia e de resistências em seu grupo de colaboradores, sinais estes que surgem inopinadamente, porque é comum que os subordinados venham a saber da "degola" do seu chefe antes que o pobre sinta o hálito do carrasco em seu pescoço. Isto se deve ao fato de que muitas empresas optam por "preparar" a demissão de um gerente através de uma confidencial reunião com alguns dos principais colaboradores do infeliz, de sorte a garantir a continuidade da rotina em seguida ao seu desligamento efetivo;
- o silêncio do telefone. Antes um torturante instrumento de interrupção da sua concentração, passando, sem motivo aparente, a ficar mudo por longos períodos. Certamente, aqueles que sempre o procuravam pelo telefone interno devem estar sabendo de alguma coisa...;
- as evasivas dos seus pares quando você faz as solicitações de costume. Mais uma vez, "tem dente de coelho neste mato";

- a sensação de que é portador de alguma doença infectocontagiosa, perceptível quando você nota que as pessoas estão procurando evitá-lo, em especial aquelas que sempre foram muito amistosas com você. É provável que esteja acontecendo mais uma vez aquela história do "marido enganado".

Do folclore de cada empresa podem ser colhidos indicadores de que alguém está sendo remetido para o patíbulo, valendo estes sinais apenas para uma dada empresa. Quais são os sinais específicos da sua empresa? Nunca os notou? Será que as cabeças rolam na sua empresa sem que a sentença seja proferida? O que aconteceu nas semanas que antecederam à "degola" dos seus antigos companheiros? É bom exercitar a memória e começar a decodificar os tais sinais, porque eles poderão anteceder a sua "degola", ainda com tempo para você elaborar as suas medidas preventivas e cuidar da própria sobrevivência, antes de ouvir o tradicional "sinto muito, mas...".

... e crescer! (ou: felizmente nem tudo está perdido! Há esperanças!)

O crescimento, entendido como um processo permanente de desenvolvimento e aprimoramento dos potenciais e das habilidades adquiridas, é a alternativa para quem almeja sobreviver mais do que nas empresas: trata-se de sobreviver na carreira!

Entretanto, é comum fazer-se uma pergunta a respeito do crescimento profissional: qual a razão maior para a acomodação e a obsolescência profissionais? A resposta, para ir direto ao ponto, pode ser encontrada na analogia com o *bonsai*. Delicada e de uma beleza plástica inigualável, a arte do *bonsai*, pacientemente cultivada pelos japoneses, resulta em uma árvore adulta contida em um pequeno vaso, para ser admirada pela pessoa em sua sala de estar. O crescimento limitado do vegetal é determinado por um tratamento detalhado, e o espaço de enraizamento é o mais importante dos cuidados. O *bonsai* é pequeno porque o espaço físico para o crescimento é limitado. Nele, a árvore amadurece, mas não cresce, como seria normal se plantada em um amplo terreno.

As pessoas não crescem profissionalmente em razão do espaço disponível ser muito limitado, seja pelas empresas, seja pela vontade do indivíduo. Para romper esta ciclotimia limitadora dos talentos, o primeiro e decisivo passo é assumir o controle do próprio projeto de vida e de carreira, o que significa ampliar os espaços para o almejado crescimento e absorver os nutrientes durante esse processo.

A título de referência para uma avaliação inicial sobre estágio alcançado em termos do desenvolvimento profissional, listamos, adiante, uma série de perguntas que contemplam uma resposta precisa, que, finalmente, podem indicar a necessidade de mobilizar de maneira concreta a própria estratégia de desenvolvimento. Estas perguntas fazem parte de um instrumental utilizado na abertura de programas de desenvolvimento gerencial, com vistas a estimular a reflexão dos profissionais de gerência e uma tomada de posição ao longo do treinamento.

Lista de perguntas sobre autodesenvolvimento

Nos últimos 12 meses: Sim Não

1. Participou de pelo menos um evento sobre atualização na sua área de especialidade? ☐ ☐

2. Participou de pelo menos um evento sobre especialidades diferentes da sua, embora interligadas? ☐ ☐

3. Fez algum tipo de visita técnica junto a fornecedores ou outro tipo de gerador de tecnologia? ☐ ☐

4. Leu alguns dos mais recentes livros publicados sobre a sua área de especialidade? ☐ ☐

5. Leu alguns livros sobre temas de Administração e Gerência? ☐ ☐

6. Procurou ler e absorver o conteúdo de artigos de jornais e revistas sobre a sua área de especialidade? ☐ ☐

7. Analisou suas atividades anteriores para verificar quais devem ser intensificadas ou diminuídas? ☐ ☐

8. Adquiriu mais conhecimentos sobre outras funções e atividades da empresa diferentes da sua área de especialidade? ☐ ☐

9. Procurou entender o perfil daqueles que se destacaram como profissionais bem-sucedidos? ☐ ☐

10. Aumentou a sua participação nas atividades da sua empresa? ☐ ☐

11. Fez alguma atividade de caráter autodidático, como cursos em vídeo, CDs, fascículos, presenciais, via Internet? ☐ ☐

12. Adquiriu uma nova e completa habilidade por conta do aprendizado sistemático? ☐ ☐

13. Demonstrou disposição para participar de novas experiências? ☐ ☐

Nos últimos 12 meses: **Sim**   **Não**

14. Percebeu uma evolução significativa na sua preparação para enfrentar as mudanças? ☐ ☐

15. Procurou intensificar e aprofundar seus conhecimentos gerais, via leitura de jornais e revistas? ☐ ☐

16. Ousou criar e lutar para viabilizar o resultado desta sua capacidade de criação? ☐ ☐

17. Teve (e aproveitou) as oportunidades para testar a sua qualificação profissional? ☐ ☐

18. Procurou intensificar a sua habilidade para conviver construtivamente com os demais? ☐ ☐

19. Procurou manter-se competitivo na carreira, na empresa e no mercado de trabalho? ☐ ☐

20. Participou de eventos ligados ao desenvolvimento espiritual, incluindo os de ordem religiosa? ☐ ☐

21. Procurou adensar a sua visão sobre as variáveis políticas, econômicas e sociais vigentes no País e no mundo? ☐ ☐

22. Participou de eventos de caráter cultural? ☐ ☐

23. Esforçou-se para aprender com as pessoas do seu círculo de relacionamentos profissional e social (incluindo o familiar)? ☐ ☐

24. Procurou partilhar com as demais pessoas as suas conquistas de conhecimentos e habilidades? ☐ ☐

25. Assumiu o controle do seu tempo, procurando orientá-lo de forma a dele extrair o máximo rendimento? ☐ ☐

26. Fez algum tipo de avaliação das suas vocações e potenciais? ☐ ☐

27. Procurou desenvolver o senso de autocrítica? ☐ ☐

28. Absorveu as críticas feitas por pessoas por quem tem respeito e consideração especiais? ☐ ☐

29. Procurou exercitar a sua competência de comunicação formal e informal? ☐ ☐

30. Sentiu o crescimento da autoconfiança? ☐ ☐

Uma vez respondidas estas perguntas, a interpretação é simples. Imagine-se na situação de ter que respondê-las para o seu superior hierárquico, na hipótese dos estudos para uma eventual promoção, ou no caso de ter de respondê-las a um especialista na contratação de profissionais, tendo em vista uma oportunidade atraente em uma empresa. Saiba que das respostas e das suas justificativas dependerá a imagem que vier a criar: se de um profissional atento para o crescimento ou de uma pessoa limitada pela própria timidez no tocante aos esforços de autodesenvolvimento e aperfeiçoamento.

Crescer é soltar as amarras (à vontade), decidir-se por um ponto a ser alcançado (o objetivo), acelerar os motores (liberar a energia) e manter firme o curso... para vencer!

Equivocadamente, muitas pessoas descuidam do seu crescimento profissional, perdendo, a cada dia, valiosos pontos em sua competitividade. Tornam-se, com efeito, vítimas da própria imprudência e lamentam "a falta de oportunidades", quando preteridas nas promoções ou quando deixam de ser consideradas no mercado de trabalho.

É voz corrente na sabedoria popular que "Para os fracassos, temos justificativas, e para o sucesso temos histórias!". Considere, a respeito, as indicações a seguir para mobilizar o seu crescimento e assegurar a sua sobrevivência na empresa e na carreira.

- Aproveite todas as oportunidades para aprender algo novo, mesmo que não tenha vinculação direta com a sua área de especialidade.
- Acompanhe, sistematicamente, as transformações e a evolução dos fatores que compõem a sua área de especialidade.
- Planeje o seu tempo, de forma a dispor de algumas horas semanais para ler as obras relativas à sua área de especialidade e de outros campos de conhecimentos em que vier a perceber uma contribuição para o seu crescimento.
- Procure horizontalizar os seus conhecimentos e as suas habilidades, na mesma proporção em que o faz no esforço de verticalizá-los na sua área de especialidade.
- Enriqueça o seu conhecimento geral. Quanto mais extenso, maior será a sua capacidade para compreender os fatos, sustentar uma

conversação, tomar decisões, defender os seus pontos de vista, além de muitos outros benefícios.

- Ouse. Inove. Experimente. O crescimento se dá, também, pelas descobertas provocadas pela criatividade.
- Combata o fantasma da obsolescência. Admita, corajosamente, que a sua atual bagagem de conhecimentos é suficiente apenas para suprir as exigências de momento.
- Aprenda com as pessoas. Aprenda, sobretudo, a partilhar com todos que o cercam tudo de que dispuser em termos de conhecimentos. Crescer é, também, ajudar a que as demais pessoas cresçam.
- Absorva, dentro da sua empresa, todo o conhecimento que puder. Não importa se este conhecimento venha a exigir uma incursão por áreas diferentes da sua e que isto exija esforço adicional; para crescer, é imperiosa a locação de energia e trabalho.

No mais, é sentir-se útil, contribuindo para você próprio e para o desenvolvimento de todas as esferas da comunidade. Segundo Buda, aí está um bom motivo para crescer e fazer crescer:

> *"Nada é permanente. Amanhã a caravana passa. As rodas giram. As flores desabrocham e murcham. O bem que praticamos nos tempos ruins é uma semente para outros colherem. O mal é um buraco negro na criação, onde o bem pode ter outrora florescido, onde pode se enraizar de novo, numa noite estrelada, quando o mundo ferido murmura num sono curativo."*

Boa sorte! Desenvolva-se!
Saiba conviver com as empresas/organizações/institucionais sem que lhe custe mais do que o razoável porque, afinal, cedo ou tarde elas não serão mais parte da sua vida!

Parte 3:

Fazendo o Próprio Marketing

Marketing de Imagem Pessoal e Profissional

Parte 3

A elegância do comportamento

"Existe uma coisa difícil de ser ensinada e que, talvez por isso, esteja cada vez mais rara: a elegância do comportamento. É um dom que vai muito além do uso correto dos talheres e que abrange bem mais do que dizer um simples 'obrigado' diante de uma gentileza. É a elegância que nos acompanha da primeira hora da manhã até a hora de dormir e que se manifesta nas situações mais prosaicas, quando não há festa alguma nem fotógrafos por perto. É uma elegância desobrigada.

É possível detectá-la nas pessoas que elogiam mais do que criticam. Nas pessoas que escutam mais do que falam. E quando falam, passam longe da fofoca, das pequenas maldades ampliadas no boca-a-boca. É possível detectá-la nas pessoas que não usam um tom superior de voz ao se dirigir a frentistas, por exemplo. E nas pessoas que evitam assuntos constrangedores porque não sentem prazer em humilhar os outros. É possível detectá-la em pessoas pontuais.

Elegante é quem demonstra interesse por assuntos que desconhece, é quem presenteia fora das datas festivas, é quem cumpre o que promete e, ao receber uma ligação, não recomenda à secretária que pergunte antes quem está falando e só depois manda dizer se está ou não está.

Oferecer flores é sempre elegante.

É elegante não ficar espaçoso demais.

É elegante você fazer algo por alguém, e este alguém jamais saber que você teve que se arrebentar para o fazer... porém, é elegante reconhecer o esforço, a amizade e as qualidades dos outros.

É elegante não mudar seu estilo apenas para se adaptar ao outro.

É muito elegante não falar de dinheiro em bate-papos informais.

É elegante retribuir carinho e solidariedade.

É elegante o silêncio, diante de uma rejeição...

Sobrenome, jóias e nariz empinado não substituem a elegância do gesto.

Não há livro que ensine alguém a ter uma visão generosa do mundo, a estar nele de uma forma não-arrogante.

É elegante a gentileza.

Atitudes gentis falam mais do que mil imagens.

Abrir a porta para alguém é muito elegante.

Dar o lugar para alguém sentar é muito elegante.

Sorrir sempre é muito elegante e faz um bem danado para a alma.

Oferecer ajuda é muito elegante.

Olhar nos olhos ao conversar é essencialmente elegante.

Pode-se tentar capturar esta delicadeza natural pela observação, mas tentar imitá-la é improdutivo.

A saída é desenvolver em você mesmo a arte de conviver, que independe de status social:

— Se os amigos não merecem uma certa cordialidade, os desafetos é que não irão desfrutá-la."

(Fonte: "Educação Enferruja por Falta de Uso", de Henri Toulouse Loutrec, pintor francês baixinho, que vivia e morreu freqüentando os mais famosos bordéis franceses do século XIX)

Escolhi esse texto verdadeiro para abrir a terceira parte do livro e destacar o marketing de imagem pessoal e profissional como uma arte a ser entendida, aprendida, cultivada e aperfeiçoada no dia-a-dia. É uma arte que levita, costuma estar bem acima do vulgo, dos comportamentos padronizados do cotidiano, por via dos quais todos acabam se vestindo de forma igual (terno preto, camisa branca, gravata bordô, cinto, meias e sapatos pretos) e o indefectível pretinho básico para a mulheres (terninho que se pretende *tailleur*, blusa clara, adereços pretos, sapatos de bico fino e salto alto, pés de fora, mesmo que a temperatura esteja mais para chocolate quente e pantuflas acolhedoras). Vestindo-se de forma igual e agindo padronizadamente, mesmo que muitos dos comportamentos não possam ser aceitos como elegantes, de elevação, de convite ao fascínio. De refinamento, enfim.

E o marketing no contexto pessoal e profissional ou é negligenciado ou é conduzido como se o produto que visa a alavancar fosse mais uma batata perdida no meio de milhares de outras nas bancas das feiras livres: uma a mais, igualzinha a todas as outras, feia como todas as outras, torta e disforme como todas as outras... e batata como todas as outras!

Está mais do que na hora de que se cuide do marketing de imagem pessoal e profissional com seriedade, profissionalismo, planejamento e ética, sobretudo ética.

Algumas decisões que você precisa tomar

- *Como quero ser visto(a)?*
- *Como quero ser reconhecido(a)?*
- *Como quero ser respeitado(a)?*
- *O que se destaca na minha individualidade?*
- *Como interpreto o que seja competitividade?*
- *Quais o meu perfil e a minha imagem institucional?*
- *Como minha imagem se ajusta ao composto social?*
- *O quanto minhas imagens pessoal e profissional se completam?*
- *O quanto estou feliz, realmente, com a minha imagem?*

Todas estas perguntas são importantes e exigem uma resposta corajosa e permeada pela maturidade e pelo sentido de auto-respeito e autovalorização.

Leia, atentamente e sem pressa, cada uma delas e deixe que a resposta para cada uma seja absorvida pela mente na velocidade que ela decidir. Se tiver que retomar a leitura das perguntas no dia seguinte ou alguns dias depois, faça exatamente assim! O que importa é que a sua velocidade de assimilação e de processamento de informações seja respeitada, na medida em que assim se pode contar com respostas claras e de melhor qualidade.

Anote numa folha de caderno ou de bloco as suas respostas para cada pergunta.

Leia novamente as perguntas, uma de cada vez, e, a partir de agora, leia também a resposta anotada no espaço sugerido.

Procure extrair de cada resposta um dado consistente, uma informação ou mesmo uma imagem que seja aceita simultaneamente por:

- sua mente racional;
- suas emoções;
- seus sentimentos;
- seu senso pessoal de autocrítica;
- sua permissão interna para soltar as amarras que levam ao medo;
- sua preferência e gosto por sonhar, sonhar, mentalizar, sem receios!

Torne a ler, demoradamente, os registros feitos, agora deixando soltas as suas baterias intelectuais, de modo a que tudo seja lido por todos os canais mentais acima destacados, porque é chegado o momento de apostar na própria mente e deixar que, pelo menos dessa vez, ela e não a TV, ou chefe, ou a vizinha invejosa, o cônjuge distraído ou qualquer pessoa/entidade deixem a sua mente livre para que ela trabalhe para você!

Se isso dá certo? Pague para ver! Aposte uns R$ 100,00 e, ganha a aposta – inevitável –, compre uma garrafa de bom champanhe e tome-a inteirinha! Ah! Sim! Você pode ser abstêmio ou não ingerir bebidas por causa das práticas religiosas! Então tome os R$ 100,00 em sorvetes de chocolate, com pipocas, tortas imensas daquelas das vitrines das docerias dos *shopping centers*! Ah! Entendi... você pode estar de regime ou proibido de comer doces! Bom... então aí vão algumas boas alternativas:

- compre livros;
- compre uns CD's;
- compre uma peça de roupa;
- compre um presente para o(a) dono(a) do seu coração;
- compre uma coisa legal para filhos ou sobrinhos.

E vai por aí a lista, mas, se assim mesmo não der para decidir o que fazer com os R$ 100,00, compre tudo em balas, doces, cocadas e guloseimas desse tipo e leve para um orfanato porque certamente lá terão muitas boquinhas doidinhas para "detonar" o fruto desse dinheirinho tão saboroso e justamente perdido/ganho!

Esse passo é decisivo. Bem elaborado, tudo o mais deverá seguir no mesmo nível, acredite!

A seguir, uma série de comportamentos sugeridos para que você possa ter como referência geral para um trabalho de desenvolvimento pessoal e profissional apoiado e conduzido também por algumas medidas típicas do moderno Marketing.

Medidas práticas para a própria transformação pessoal e profissional

- Aceite de vez: você é o autor do próprio projeto de vida pessoal e profissional.
- Lembre-se sempre: a escolha é sempre sua!
- Cultive o hábito de receber *feedback* sem mágoas.
- Filtre o que ouvir a seu próprio respeito: lembre-se de que nunca se é 100% amado ou 100% odiado!
- Antes de aceitar qualquer conselho, decida: é, realmente, bom para você?
- Mentalize o sucesso pessoal e profissional.
- Faça o que tem que ser feito; não espere que digam para fazer.
- Saboreie cada conquista e, se for o caso, partilhe com as pessoas mais importantes da sua vida.
- Pratique o não-conformismo sadio.
- Goste-se muito! Os outros virão na "cola"!

Saia da ostra!

O que destrói a imagem social

- *Comportamentos inconscientes.*
- *Heranças educacionais desajustadas.*
- *Visões e condutas não elaboradas.*
- *Assintonia entre discurso e comportamento.*
- *Relacionamentos difíceis.*
- *Dominância de atributos negativos.*
- *Auto-isolamento e condutas refratárias.*

Tudo isso é importante demais e deve ser enfrentando pela pessoa que visa a ampliar espaços e oportunidades no mercado de trabalho e nas diversas esferas de relacionamentos formais e informais, na vida pessoal e na carreira profissional.

Cada um dos fatores acima listados tem poder suficiente para fechar todas as portas na sociedade para a pessoa que nela deseja ocupar um espaço de maior relevância. Para todos os fatores, sem exceção, só tem uma solução prática e de eficácia assegurada: a terapia psicológica, tantas vezes combatida, muitas menos entendida.

E terapia, nunca é demais lembrar, é para gente saudável, que se preocupa em melhor entender as suas relações com o mundo, nele visando manter-se em harmonia, aprendizado, alegria e disposição para viver a vida tal como ela sempre se mostrou: nossa, inteiramente nossa, com potencial para que seja feliz sem restrições, dentro da perspectiva do que seja felicidade para cada pessoa. E assim tem sido desde os dias iniciais da evolução da mente na velocidade superior aos obstáculos dessa fascinante jornada.

Não espere que a sua imagem pessoal e profissional esteja irremediavelmente prejudicada, já trazendo prejuízos de toda ordem para você e para as pessoas que dependem do seu bem-estar. Tome já e agora a decisão de procurar um terapeuta e nele buscar as orientações e o fabuloso trabalho de amadurecimento psicológico para, depois, você mesmo(a) resolver seus problemas e provar para você mesmo(a), todos os dias, todas as horas, que é capaz de olhar os problemas de frente e de lhes fazer progressivamente menores, até que possa resolvê-los. Para isso, são fundamentais o equilíbrio emocional, a paz que vem das relações sadias com as pessoas e, sobretudo e principalmente, o sabor incomparável de ser aceito(a) e aceitar as pessoas como parte natural da existência, portanto um extraordinário ganho.

Investimentos indispensáveis

- *Na própria educação.*
- *Na própria estética.*
- *No aprendizado das normas sociais.*
- *No autodesenvolvimento profissional.*
- *Na cultura geral e acadêmica.*
- *Na conquista de mais espaço no tecido social.*
- *Nos fatores ligados à estética de ordem material.*

Dinheiro foi feito para ser multiplicado e fazer multiplicar. Gastar dinheiro é uma coisa, e investir bem e certeiramente é outra muito diferente. E investir nos fatores acima listados, para dar sustentação ao desenvolvimento da carreira profissional, é prova de sabedoria.

Como a tecnologia muda a uma velocidade maior do que a capacidade de indivíduos e sociedades em acompanhá-la, não resta outra saída que procurar pelo menos não ficar muito para trás. Isso vale dizer que a pessoa que objetiva o desenvolvimento como indivíduo e como uma profissional deve manter-se em constante atualização, usando os meios disponíveis:

- universidades públicas e privadas;
- entidades públicas e privadas fornecedoras de serviços de educação continuada;
- livros e demais publicações;
- os infindáveis acessos e facilidades disponibilizados pela Internet;

- grupos de pesquisas e estudos;
- sindicatos e entidades representativas de categorias profissionais;
- canais de TV de sinal fechado e aberto com a sua multiplicidade de documentários e incursões pelo saber humano;
- viagens, excursões e visitas a locais reconhecidos como fontes de conhecimentos;
- a convivência com pessoas de notável saber e que sempre se mostram disponíveis para compartilhar.

Essa lista está longe de se esgotar, mesmo porque não há um minuto sequer durante o qual um nova informação não esteja sendo impressa ou digitalizada, prontinha para acrescentar algo de novo ao que supomos ser definitivo, como uma simples melancia: na feira livre de São Paulo, capital, mais precisamente na praça do Estádio Paulo Machado de Carvalho, o bonito Pacaembu, já está sendo oferecida melancia... quadrada!

O que você talvez não saiba

- **A sociedade e seus valores transcendem ao indivíduo e às suas escolhas pessoais.**
- **Na sociedade, há papéis a ser representados.**
- **A sua empresa é um microcosmo.**
- **Na sociedade industrial/mercantil, você é um produto, exatamente como o que você produz.**
- **Você é o marketeiro e o vendedor do seu produto (você mesmo!).**

Não se ofenda, mas cada um de nós é um produto no mercado de trabalho ou um serviço à espera de ser demandado, a não ser que tenhamos nascido em famílias abastadas e que não tenhamos a menor idéia do que seja esse tal de mercado... de trabalho!

Gostemos ou não, a sociedade que nos transcendeu enquanto filha da nossa própria imaginação e reflexos das nossas obras é exigente e centrada no conjunto de incontáveis papéis dos que dele fazem parte. Temos que escolher os nossos papéis e vivenciá-los conforme todas as regras que sobre ele exerçam influência e, aprendendo os limites e as oportunidades de cada um, não nos será muito difícil sobreviver e até gostar dos desafios de papéis e sociedades mutantes.

Cuide se você mesmo(a). Sendo um produto, que seja um produto de alto nível, que seja respeitado, valorizado, demandado e – aleluia! – muito bem pago, de modo a que valha a pena todo o esforço em desenvolver e ajustar esse produto.

Persiga os determinantes de qualidade do produto que o envolve e mantenha-os sob severa vigilância, não cedendo nem em pensamento quanto a permitir que algumas das suas especificações seja tratada de forma leviana.

A regra é a seguinte: se aquele que deseja seu produto não consegue enxergar o valor real e pensa que pode por ele pagar uma meia dúzia de moedas amassadas, que ele fique, então, sem o produto e coma as suas moedas! Em outras palavras: trate bem do produto que o(a) envolve como uma aura e faça com que seja sempre ajustado, polido, cuidadoso e não perca nenhuma oportunidade de expô-lo com destaque no mercado de trabalho, sobretudo nas suas mais valorizadas vitrines, como temos visto até aqui e a seguir, nessa terceira parte do livro.

Veja-se como um produto

Descreva:
- *As suas características.*
- *Os seus determinantes de qualidade.*
- *Os seus diferenciais.*
- *O seu valor de mercado.*
- *O seu mercado futuro.*

Características

Breve descrição do seu perfil e dos benefícios para empregadores e clientes

---

Determinantes de qualidade

Quais os padrões de excelência do seu perfil

Diferenciais
Em que se diferencia dos demais da sua especialização

Valor de mercado
Quanto deveria estar ganhando em valores anuais

Mercado futuro
Nos próximos cinco anos qual será o seu nicho de mercado

Huuummmm! Interessante, emblemático, não é verdade?

Exercício de auto-sensibilização

- Suponha que o Criador lhe concedeu a oportunidade de ganhar cinco características novas para você fortalecer e potencializar a sua imagem pessoal e, também, a oportunidade de eliminar **cinco características atuais**, as quais você considera como nocivas para a sua imagem.
- Anote-as. Não se preocupe: confidencialidade total, porque ninguém deverá ter acesso!

Cinco características novas a ser pleiteadas junto ao Criador	Cinco características que gostaria fossem deletadas de forma irrecuperável

Que tal?

Será que depende tanto assim do Criador (com o devido respeito!) a aquisição das novas características? E onde está a sua tecla DELETE para apagar de vez as características listadas na coluna da direita?

Medidas práticas para a construção da imagem pessoal e profissional

Um resumo objetivo para facilitar a compreensão do processo de marketing e melhor acionar as medidas de ordem prática.

- **Primeiro: decida o perfil que deseja para você.**
  Ninguém chega a lugar algum... antes de saber que lugar é esse!

- **Avalie o quanto ele é realizável na dimensão da realidade.**
  Fantasias têm seu lugar. Sua carreira não é um deles!

- **Identifique, dentro do perfil, os atributos mais significativos.**
  Se você chuta com a perna direita, caia sempre pela direita do campo!

- **Faça uma leitura dos atributos por via da sua inteligência emocional.**
  Emoções e sentimentos são a mais suave estrada rumo ao divino!

- **Faça uma plano de execução.**
  Quem não tem um plano nunca chega a lugar algum.

- **Trace objetivos de curto, médio e longo prazos.**
  Sem objetivos não há planos, rumos, chegadas, porque não há partidas!

- **Modele um elenco de atividades para executar o plano.**
  Planos sem ação prática valem menos do que folhas secas!

- **Pondere e decida sobre investimentos necessários.**
  Investimento ponderado e bem conduzido é retorno da melhor qualidade!

- **Pense se deve ou não precisar de ajuda externa.**
  Sozinho, sem ajuda de ninguém, só mesmo no ponto final da vida!

- **Parta para a ação.**
  E tem alternativa? Planos sem ação são o mesmo que copo sem fundo!

- **Avalie o progresso e faça as correções necessárias.**
  Umas correções aqui e outras ali e a nave segue firme com a proa para o futuro!

Fazendo, para valer, o próprio marketing de imagem pessoal e profissional – as regras e o que as justificam

- **Exponha-se nas vitrines internas e externas.**

  Isso mesmo! Procure estar visível nas ambiências do seu trabalho e do mercado em geral. Produto guardado na última prateleira do depósito no fundo da loja não vende!

- **Amplie o círculo de relacionamentos internos.**

  Conheça as pessoas, todas se possível, da estrutura da organização a que esteja vinculado(a) e se deixe conhecer. Converse amistosamente com todas as pessoas, da mais humilde à mais poderosa.

- **Crie, amplie e mantenha o círculo de relacionamentos externos.**

  Quanto mais instituições, empresas, organizações e semelhantes vier a conhecer e a ser por eles visto como um membro, um parceiro, com certeza seu círculo de amizades e de influência será muito grande, o que é fundamental.

- **Não perca uma chance, por menor que seja, de estar diante de uma platéia expondo algo.**

  Recebeu um convite para apresentar uma palestra? Aceite, capriche na produção e mais ainda na apresentação propriamente dita.

- **Procure antigos colegas de empresa e de escola.**

  Se teve o cuidado de manter atualizados os registros de endereços, telefones etc., dos ex-colegas de universidade, associações, empresas, comunidades, partidos políticos e semelhantes, você tem a quem

procurar e encaminhar algo que fale de você, perfil, trabalho e carreira, o que sempre dá excelentes resultados.

- **Participe de todos os eventos que puder, profissionais, sociais, culturais etc.**

  São os melhores locais para conhecer pessoas e trocar cartões sociais, tendo em vista as oportunidades daí decorrentes para o futuro.

- **Entre na Internet diariamente e faça dela uma alavancagem do seu círculo de relacionamentos.**

  Orkut, home-page e a sempre crescente lista de espaços para divulgação, para vitrine de você mesmo(a), desde que utilizados com sabedoria e elegância, com muita noção de limites, para não cair na mediocridade, são oportunidades absolutamente imperdíveis porque, além de dinâmicas e abrangentes, exigem pouquíssimo investimento financeiro.

- **Freqüente o seu clube social ou assemelhado.**

  Se faz parte do quadro social de algum clube ou entidade, freqüente as atividades e se deixe ver e conhecer, porque pode ser que numa delas esteja uma bela oportunidade de negócios a seu gosto.

- **Abra portas fora da empresa.**

  O tempo todo. A última empresa eterna com emprego eterno já fechou e você precisa se dar conta disso. Vestir a camisa da empresa é figura de retórica. Nada mais que o lugar-comum insosso do dia-a-dia. Você deve servir 100% à empresa/organização a que esteja vinculado(a), mas sempre de olho nas oportunidades de mercado.

- **Escreva artigos e mande para os diversos veículos de comunicação.**

  O máximo que pode acontecer é que seus artigos não sejam publicados e isso não liquida a vida de ninguém. Escreva e mande. Se vier a ser apreciado pelo veículo, ótimo e, se não, mande para outro!

- **Escreva um ensaio sobre seus domínios e divulgue.**

  A não ser que você nada tenha que justifique ser escrito, o que é improvável, basta transcrever para o papel ou para o seu processador de texto, pedir que alguém critique e revise e enviar para as edito-

ras. *Caso nenhuma delas aceite os seus escritos, quem perderá com isso serão elas: há, no mercado, muitas empresas especializadas em editorar e imprimir, da noite para o dia, a custos atraentes, as obras em pequenas tiragens.*

- **Tenha alguma militância política.**
  Cumpra seu papel de cidadão e amplie seu círculo de relacionamentos com isso.

- **Organize a agenda de aniversários e datas importantes de amigos e influentes e acione-a!**
  Isso mesmo! Um telefonema, um cartão social, físico ou eletrônico, e mesmo um simples e-mail *enviados para os amigos nas datas dos seus aniversários são indicativos de elegância, cortesia e muito apreciados por quem os recebe.*

- **Relacione-se bem com os fornecedores internos e externos do seu trabalho.**
  Jamais maltrate os fornecedores, porque não demora e você poderá precisar de uma ajuda deles, sobretudo nas situações críticas, cuja solução depende dos chamados favores especiais, coisa de amigo para amigo, o famoso "quebra-galho".

- **Trate os clientes internos e externos com carinho.**
  É um erro fatal e definitivo ignorar esse princípio. Nunca se esqueça disso! Nunca! Cometa todos os erros, mas esse, só se tiver perdido o juízo!

- **Nunca perca o contato com as pessoas influentes do seu círculo de relacionamentos.**
  Não se trata de bajulação e nem de servilismo: é apenas manter a sintonia com as pessoas que possam exercer alguma influência sobra alguma situação do seu interesse.

- **Peça que seja apresentado por amigos às pessoas influentes do seu e de outros meios sociais.**
  É... não custa nada para seus amigos e, com isso, você e ele podem assegurar amizades muito interessantes.

- **Ajude internamente, sem que isso lhe seja implorado.**

  Generosidade, estar disponível e ser solidário são atributos de um caráter superior e muito apreciados pelas pessoas. Ajude sempre e mesmo que não lhe seja pedido e faça-o como uma doação e desobrigue a pessoa beneficiada de "estar-lhe devendo favores".

- **Compartilhe dados e informações úteis.**

  Egoísmo é traço da personalidade de crianças muito imaturas e de adultos inseguros. Se dispuser de uma informação não catalogada como confidencial e que possa ser útil para as demais pessoas, ofereça a elas, e pronto!

- **Seja um agente integrador interna e externamente.**

  Já tem gente demais que optou pela maledicência, pelo viscoso hábito de dividir as pessoas, de instalar a desídia, de destruir o que muitas vezes foi penosamente construído entre as pessoas. Em face disso, aja como um agente de agregação, de harmonia, de pacificação. Será melhor para todos e você estará acumulando créditos com a Vida!

- **Produza o seu visual conforme as exigências do ambiente em que venha a estar.**

  Invista no seu visual, construindo-o com elegância, bom gosto, algum refinamento e não se preocupe com a última moda, porque nem as modeletes das passarelas do mundo do fashion *andam vestidas com o que exibem nos desfiles. A extraordinária Constanza Pascollato vestida com camiseta, jeans e sandálias havaianas é tão elegante, que pode fazer corar as "nova-ricas" que borboleteiam as butiques mais em evidência.*

- **Assegure-se de que esteja informado sobre o essencial.**

  O que é essencial? É tudo aquilo que, se vier a ignorar, fará falta. Por exemplo: o assunto discutido na mesa de um almoço, no qual você não teve condição nem de dar um palpitezinho despretensioso... é um essencial de momento que lhe está fazendo falta!

- **Aloque tempo privado para ações puramente marketeiras.**

   Algumas horas por semana apenas para cuidar das diversas ações de venda de imagem pessoal e profissional são suficientes. Somadas ao longo dos meses, darão resultado em escala exponencial.

- **Ouça muito, fale o necessário.**

   Dê oportunidade para que as outras pessoas falem e só se expresse quando for conveniente e tiver certeza do acerto do que será dito. Creia: as pessoas apreciam muito quem saiba ouvi-las.

- **Expresse-se de acordo com a norma culta.**

   Um bom curso de atualização nas regras gramaticais e ortográficas, no qual sejam exercitadas as diversas regras de redação, combinado com bons livros, sobretudo os da riquíssima literatura clássica, favorecerão muito a qualidade da expressão e a boa impressão por ela causada junto às pessoas em geral.

- **Evite opiniões radicais durante as conversas sociais.**

   Radicalismo só serve para criar ambientes ruins e inimigos. Guarde as suas opiniões "definitivas" para você mesmo(a) ou para interlocutores iguais. Se você costuma iniciar suas frases com "Comigo é assim!", é melhor repensar porque a chance de estar se mostrando inconveniente é tão grande quanto a de uma folha cair do galho da árvore no outono...

- **Dê espaço e atenção para as pessoas.**

   Isso significa que deva ser atencioso(a) e valorizar o espaço social, os direitos, os hábitos, a cultura e a sensibilidade das pessoas.

- **Simpatia, cordialidade e "finesse" são essenciais!**

   Os trogloditas já reinaram o suficiente no planeta e, embora ainda persistam alguns, nada mais gratificante do que a convivência entre pessoas que pautam suas condutas pelas regras da educação primorosa e pelo refinamento. Diferente disso é a grosseria que já causou estragos demais na história da humanidade!

O que deve ser evitado a todo custo!

- *Expor-se ao ridículo quando da "venda" de imagem.*
- *Fazer de você mesmo uma imagem caricata.*
- *Exageros, fantasias e, sobretudo, inverdades.*
- *Derivar para o "vedetismo".*
- *Tentar impingir a própria imagem.*
- *Invadir o espaço dos demais e sacrificá-los.*
- *Cometer o equívoco maior: o arrivismo sem limites.*

Leia atentamente os sete tópicos acima e veja como, evitados em sua conduta, poderão ajudar muito a que não se perca de vista que há limites para tudo. Você não precisa amarrar uma abóbora no pescoço e nem pintar os cabelos de laranja-resplandecente-em-dia-de-glória-dos-deuses-do-olimpo, para fixar a atenção das pessoas em você.

Aja com sobriedade, com reservas, sem apelar para o ridículo e vá conquistando pouco a pouco o respeito das pessoas. E o respeito assim conquistado tende a ser profundo e permanente, porque fora alimentado por raízes que souberam onde encontrar os melhores nutrientes.

A vaidade deve ser contida. Ela cega e induz aos erros de comportamento que levam ao afastamento entre as pessoas. Ninguém gosta, a não ser os vaidosos, os narcisistas, de pessoas que se pavoneiam, que apreciam mostrar-se como mais belas do que a arte e mais luminosas do que o lume das estrelas.

E tome muito cuidado com o carreirismo sem limites, o arrivismo, um verdadeiro flagelo nos dias atuais, nos quais tudo indica que não importam os meios, desde que os fins sejam alcançados. Muitas pessoas pagam qualquer preço pela oportunidade de subir mais um degrauzinho na trilha que parece levar ao topo, seja lá onde esteja o que qualifiquem como o topo. E o preço pago muitas vezes é terrivelmente alto e não vale a pena, uma vez passada a euforia inicial.

Finalmente: não faça o que não possa desfazer, caso não dê certo, e nem nada sobre o que não possa pedir desculpas às pessoas eventualmente afetadas por algumas medidas que tenha tomado com a intenção de abrir espaços para a sua carreira profissional.

O que deve ser feito... sempre!

- *Deixar acionado o senso de autocrítica.*
- *Jamais duvidar da própria competência para a vida.*
- *Manter a auto-estima em regime de elevação.*
- *Fazer dos planos pessoais uma trilha e não um trilho!*
- *Atender aos próprios compromissos.*
- *Aproveitar toda e qualquer oportunidade para uma ação de marketing de imagem.*
- *Não se deixar corromper.*

Estas regras são simples e valiosas! Não demandam um esforço brutal para que sejam seguidas à risca e, uma vez respeitadas, impactarão muito bem na sua estratégia de construir e lapidar uma imagem pessoal e profissional da melhor qualidade.

Podem demorar a produzir efeitos, o que é normal, mas eles virão, na hora e proporções certas.

Se tiver o hábito de ler os livros conhecidos como de "auto-ajuda", neles sempre verificará que a ação é tudo com que se pode contar para a transformação, seja de que natureza for. Portanto, não perca qualquer oportunidade de agir, de fazer algo por você, de mostrar quem é, o que fez e faz, sempre de forma discreta, sem grandes arroubos de autopromoção.

E, quanto a não se deixar corromper, aí vai um alerta: pode acontecer de você vir a se sentir sob a tentação de recorrer a alguns recursos sujos, de modo a alcançar os resultados inicialmente projetados. Resista, porque não vale a pena!

Nos relacionamentos com as pessoas

- *Cultivar o* relationship.
- *Lealdade granítica para com os amigos.*
- *Desenvolver relações de parceria.*
- *Negociar tudo e sempre.*
- *Contribuir na alavancagem da carreira dos superiores, parceiros, colegas e colaboradores.*
- *Não fazer inimizades gratuitas.*
- *Deixar-se conhecer para que não o(a) temam.*

Os relacionamentos com as pessoas, todas elas, são sempre uma belíssima oportunidade para aprender e ser melhor por via desse aprendizado. E os relacionamentos nunca deixam de ser desafiantes e delicados ao mesmo tempo: desafiadores a partir do mistério e dos riscos que são próprios do seu perfil e delicados exatamente como reflexo de ter emoções e sentimentos como matéria-prima.

Nada mais saboroso do que o cultivo de relacionamentos marcados pela pureza de princípios e honestidade de propósitos! E você precisa pensar muito a respeito, especialmente quando estiver sentindo uma ligeira inclinação por querer usar as pessoas, enganando-as ou delas extraindo o que possa interessar e lhes virar as costas em seguida. Não faça isso, porque as suas perdas poderão ser enormes, talvez até insuportavelmente enormes.

Cada pessoa deve ser parte de você mesmo(a), parte importante, vital e deve ser cuidada assim. Promova os seus relacionamentos e os cultive de forma a que sejam duráveis, tão eternos quanto a sua própria vida, se não há muito exagero nessa licença poética. Trate-os muito bem. Evite fazer inimigos, lembrando-se de que, fazendo-os ou não, você os terá gratuitamente, motivados pela inveja e pelos sentimentos em mesmo nível de inferioridade.

E sempre se mostre grato(a) a todos que o(a) tenham ajudado, mesmo que em situações de menor importância!

Desenvolvendo o poder pessoal

- *Sua reputação é uma força poderosa.*
- *Seu carisma é uma demonstração natural de poder.*
- *Suas realizações são as "digitais" do seu poder.*
- *Suas relações sociais são o fermento do seu poder.*
- *Seus contatos são canais para usar/ampliar o poder.*
- *Seu cargo e suas responsabilidades são a moldura do poder.*

Poder é poder, e pronto! Desprezá-lo, pelo menos nos tempos atuais, é o mesmo que jogar fora uma energia poderosa, que pode ser colocada a seu serviço e ser muito contributiva para a alavancagem da sua imagem pessoal e a da sua carreira.

Você consegue ampliar a sua "carga" de poder na proporção exata em que observa as recomendações acima, o que não tem nada de misterioso, nem de fantasioso.

No seu dia-a-dia, desde que nele não se apresentem obstáculos intransponíveis como doenças, emergências e problemas dessa natureza, você sempre terá uma oportunidade de reforçar sua imagem e, dela, extrair influências que se transformam em poder.

E poder é também a ocupação de um espaço de influência junto às pessoas, conquistando sua confiança e seu apreço e mantendo esses valores com muito cuidado e respeito.

Poder, para um profissional, é o resultado das diversas forças que emergem das suas características pessoais e como um especialista, um conhecedor pelo menos daquilo em que atua a título de trabalho.

E é o poder que acumula com isso que o leva a ser capaz de ser ouvido, de influenciar, de mostrar-se útil e com credibilidade junto às pessoas.

Cuide do seu poder com toda a atenção!

Entrando no vácuo do carro certo!

- *Nunca, mas nunca mesmo, se alie aos fracassados!*
- *Junte-se aos vencedores.*
- *Alie-se aos que estão vencendo e os ajude.*
- *Se preciso, entre no vácuo de quem está liderando!*
- *Faça um* benchmark *dos que são destaque.*
- *Onde há a inovação, lá é o seu lugar.*
- *Ser visto por quem e ao lado de quem está vencendo é estar no lugar certo e na hora certa.*

Nenhum corredor de Fórmula-1 fica no vácuo do último colocado. Sempre "na cola" do ponteiro, do líder da prova, essa é a regra ou, pelo menos, ficar ali no chamado "bolo" dos carros que estão na frente. A meta é aproveitar o chamado "arrasto" do deslocamento do carro da frente e ganhar uns décimos de segundo na velocidade, os quais podem ser decisivos numa ultrapassagem mais adiante.

O que você deve fazer é procurar estar onde estão os vencedores, os que se mostram em paz consigo mesmos, pela capacidade de trabalho e de sua transformação em resultados. Os vencedores podem ser uma boa fonte de estímulo, apenas pelo fato de estar sendo observados, o que fazem e como fazem, além das vibrações positivas que espalham à sua volta. Observar tudo o que puder sobre os vencedores na carreira é uma espécie de *benchmark*, ou seja, um estudo das características do observado para tê-las pelo menos como uma inspiração.

Fuja dos que desanimaram e que só têm queixas da vida. Não os execre, porque não é justo e nem humano, mas não tome para você as dores *deles*. Não ouça os discursos dos desalentados, dos profetas do fim do mundo, daqueles que mais e mais propalam a única crença das suas existências: que nada mais tem jeito.

Nada há de errado em buscar inspiração. Empresários e profissionais do nível *top* das organizações investem fortunas anualmente para ouvir os nomes de destaque nas suas especializações e mesmo em outras, para identificar lições úteis e que possam ser aplicadas na sua realidade.

Para você pensar...

A seguir, estão alguns ditos populares carregados de sabedoria. Você os conhece, com certeza. Aproveite, então, para escrever no quadro correspondente a sua interpretação de cada um deles, sob o foco dos processos de desenvolvimento pessoal e profissional.

Cobra que não anda não engole sapo!

Bom cabrito não berra!

Quem não chora não mama!

> Perguntar e pedir não ofendem!

> Quem diz o que não deve ouve o que não quer.

> Se não gosta do que está ouvindo, preste atenção no que está emitindo.

> A toda ação corresponde uma reação de igual teor e em sentido contrário.

A visão política em ação

- *Isolado, ninguém consegue algo em uma sociedade.*
- *Compor-se, articular e trocar são fatores naturais.*
- *Pode vir a ser necessário ser "liso como o quiabo".*
- *Ser diplomata pode ser melhor que guerreiro em dadas situações.*
- *Confrontos e conflitos só em último caso!*
- *Não confundir habilidade política com politicagem rasteira!*

Viver em sociedade é um exercício político. Pessoas, interesses, necessidades, oportunidades diferentes, quase sempre MUITO diferentes, levam a que sejam feitas as necessárias composições, precedidas pelas negociações e articulações e por consensos nem sempre fáceis de serem alcançados, mas possíveis.

A articulação política de alguém que objetive desenvolver e promover uma boa imagem pessoal e profissional é um desafio dos mais sérios, partindo do patamar de que, ignorado, leva tudo o mais ao fracasso: conflitos, brigas e agressões são o fim de tudo. A pessoa deve estar atenta para as armadilhas relacionais, que suscitam os conflitos e que levam a que as pessoas se hostilizem e todas saiam perdendo com isso.

Converse muito. Dialogue. Torne a conversar. Ouça e pondere sobre os pontos de vista dos demais. Defenda os seus pontos de vista sem reduzir o interlocutor a uma posição de inferioridade. Busque incessantemente o consenso, que é um estágio de convergência e harmonização de opiniões divergentes.

Procure agir mais como pacificador do que como incendiário (deste tipo o mundo já anda repleto, para que mais um, não é?).

Trabalhe junto com as pessoas e entidades das suas diversas esferas de relações como agente agregador, ora mediando um conflito, ora reduzindo a tensão entre as partes em confronto, de vez em quando agindo discretamente como promotor do diálogo e facilitador das novas oportunidades de entendimento.

E o mais importante: trate todas as pessoas de maneira polida, cortês, respeitosa e madura, sejam elas poderosas ou humildes a mais não poder. Você será tratado por elas exatamente da mesma forma.

Lembretes finais!

- Você é o arquiteto, o engenheiro, o administrador, o vendedor, o marketeiro e o único dono do principal produto que já teve nas mãos: **Você mesmo!**
- Se você não cuidar de você mesmo, ninguém fará isso!
- Um anônimo não precisa de marketing de imagem: como você não é um anônimo...
- É preciso SER um vencedor, PARECER um vencedor e ser RECONHECIDO como um vencedor.

Bibliografia

BRANDEN, Nathaniel. *Auto-estima – Como Aprender a Gostar de Si Mesmo*. São Paulo: Editora Saraiva, 1992.

COFER, Charles N. *Motivação e Emoção*. Rio de Janeiro: Interamericana, 1980.

LIEVECOED, Bernard. *Fases da Vida – Crises e Desenvolvimento da Individualidade*. São Paulo: Editora Antroposófica, 1984.

VARGAS, Julie S. *Formular Objetivos Comportamentais Úteis*. São Paulo: Editora Pedagógica e Universitária, 1974.

O autor

Benedito Milioni

- Formação acadêmica em Sociologia e Administração de Empresas.
- Cursos de extensão em Administração, Marketing e Vendas.
- 37 anos de carreira, em cargos executivos de Recursos Humanos, Vendas e Marketing, atuando como profissional independente desde 1982.
- Professor Universitário (28 anos) nas cadeiras de Teoria Geral da Administração, Gestão Estratégica e Recursos Humanos. Atualmente, é professor especialista em cursos MBA.
- Autor de 22 obras sobre temas da Administração.
- Articulista em jornais e revistas de expressão.
- Dirigiu o treinamento de 18.619 gerentes e supervisores.
- Dirigiu o treinamento de 14.984 diretores, gerentes, supervisores e vendedores nas áreas de Marketing e Vendas.
- Dirigiu o treinamento de 3.104 profissionais em Técnicas de Negociações.
- Dirigiu o treinamento para cerca de 10.000 profissionais de Recursos Humanos.
- Conduziu ações de treinamento para mais de 2.890 grupos, totalizando 65.000 participantes.
- Participou em sete projetos de recolocação profissional, nas fases de assessoria em negócio próprio, envolvendo 1.300 pessoas.

- Participou em 14 projetos de reestruturação administrativa, operacional e comercial, bem como na formatação de unidades de negócios.
- Executou 26 diagnósticos de clima motivacional, 11 de gestão empresarial e nove de gestão de RH.
- 240 empresas assistidas enquanto profissional de Consultoria.
- 266 artigos publicados em jornais e revistas.
- 409 conferências e palestras apresentadas em congressos e seminários nacionais e internacionais.
- 3.485 laudas de material didático produzidas.
- 29 Manuais de Políticas e Procedimentos elaborados para as áreas de Marketing e Vendas.
- Diretor Técnico da ABTD-Nacional (Associação Brasileira de Treinamento e Desenvolvimento), tendo sido o Coordenador Científico e Geral do CBTD – Congresso Brasileiro de Treinamento e Desenvolvimento em 2001, 2002 e 2003.
- Fundador de três grupos de estudos envolvendo profissionais de RH.

Obras Publicadas

1. *Treinamento de Supervisores* (1974). Câmara de Gerência e Administração.
2. *As Chefias e os Supervisores* (1975). Câmara de Gerência e Administração.
3. *Dicionário de Termos Gerenciais* (1976). Editora do Autor.
4. *Dicionário de Recursos Humanos* (1979 e 1986), co-autor, 3ª edição, Atlas.
5. *Treinamento Estratégias Fundamentais* (1979). Editora do Autor.
6. *Administração do Tempo em Vendas* (1989), 2ª edição, Nobel.
7. *RH Positivo* Volume I (1986). Editora do Autor.
8. *RH Positivo* Volume II (1989). Editora do Autor.
9. *Comportamento Gerencial – O Poder em Questão* (1990), Nobel.
10. *Marketing do Treinamento* (1989), Nobel.

11. *Democracia Empresarial Já!* (1992), STS.
12. *Como Sobreviver e Crescer nas Empresas* (1993), STS.
13. *Como Elaborar o seu Plano de Crescimento Pessoal* (1994), STS.
14. *Manual de Técnicas de Telemarketing* (1996), STS.
15. *Manual de Capacitação de Equipes de Vendas* (1996), STS.
16. *Manual de Técnicas de Apresentações de Vendas* (1996), STS.
17. *Manual de Avaliação dos Resultados do Treinamento* (1999), Ômega.
18. *A Empresa na UTI – Como Salvar o seu Negócio!* (2000), Ômega.
19. *Manual de Diagnóstico das Necessidades de Treinamento* (2001), Ômega.
20. *Gestão de Treinamento por Resultados* (2004), ABTD.
21. *Indicadores de Desempenho na Gestão de T&D* (2005), ABTD.
22. *Dicionário de Termos de Recursos Humanos* (2006), 4ª edição, Ed. Central de Negócios.

Entre em sintonia com o mundo

QualityPhone:

0800-263311

Ligação gratuita

Qualitymark Editora
Rua Teixeira Júnior, 441 – São Cristóvão
20921-405 – Rio de Janeiro – RJ
Tel.: (21) 3094-8400
Fax: (21) 3094-8424

www.qualitymark.com.br
e-mail: quality@qualitymark.com.br

Dados Técnicos:

• Formato:	16×23cm
• Mancha:	12×19cm
• Fontes Títulos:	AvantGardeMD BT
• Fontes Texto:	Life BT
• Corpo:	11
• Entrelinha:	13
• Total de Páginas:	208

Impresso nas oficinas da
SERMOGRAF - ARTES GRÁFICAS E EDITORA LTDA.
Rua São Sebastião, 199 - Petrópolis - RJ
Tel.: (24)2237-3769